KB164896

10대를 위한
미술관에서 읽는 경제학

10대를 위한
미술관
에서

천눈이 지음

읽는
경제학

다른

예술의 먹고사는
문제를 들여다보며

○

우리가 살아갈 때 가장 필요한 요소가 무엇일까요? 바로 입고 먹고 살아가는 일, 즉 의식주衣食住와 관련된 문제일 것입니다. 사람들은 의식주를 최대한 풍족하게 꾸려 나가기 위해서 열심히 자본을 모읍니다. 학생은 공부를 하고, 대학에 지원하며, 자신의 적성에 맞는 직업을 찾지요. 직장인은 매일 아침 출근 버스에 오르고, 모니터 앞에 앉아 자판을 두드리며, 회의를 합니다. 많은 이가 좀더 안정적으로 돈을 벌기 위해 노력하고 있습니다. (물론 모두가 단지 돈을 잘 벌기 위해서 사는 것은 아닙니다. 순수한 꿈을 위해서 열심히 일하고 공부할 수도 있겠지요.)

그래서 이 책에서 다루는 미술과 경제라는 단어를 처음 마주 대하면, 둘이 완전히 달라 보일 수도 있습니다. 미술은 감성적이고 어쩐지 현실과는 거리가 먼 분야 같습니다. 자본이 많은 사람만 관심 갖는 특별한 영역이라는 인식이 크지요. 기계로 찍어 내지 않고 대부분 작가의 손으로 직접 만드는 예술품은 더욱 먹고사는 문제와는 멀어 보입니다. 반면 경제는 지극히 이성적이고 현실적인 단어로 느껴집니다. 온갖 경제 용어와 이론, 그래프는 모두 합리성을 바탕으로 하니까요.

그런데 잘 생각해 보면 미술품에도 중요한 경제적인 이야기가 숨어 있습니다. 천문학적인 가격의 미술 작품을 살 때 마트에서 치약을 집는 것처럼 쉽게 고를까요? 평소처럼 아무렇지 않게 지갑을 열어 돈을 낼까요? 아마도 다른 물품을 살 때보다 훨씬 많이, 오래 실익을 따져 볼 것입니다.

미술은 소비자의 경제력이 아주 중요한 분야입니다. 국가나 지역의 경제력에 따라서 발전 정도가 완전히 달라지기도 합니다. 샴푸는 경제가 좋든 나쁘든 늘 있어야 하지만, 미술품은 주변의 경제 상황, 사람들의 경제력에 더욱 민감하게 반응하는 것입니다.

미술과 경제는 서로 굉장히 멀어 보이지만 어쩌면 가장 긴밀하게 영향을 주고받는 관계일 수도 있습니다. 실제 역사에서도 경제가 발전한 지역에서 다양한 예술이 피어오르고 많은 미술가가 탄생했습니다. 경제 흐름을 보면 미술의 발전사가 읽히고, 미술 시장을 보면 경제 개념이 보입니다.

자본주의 사회에서 살아가고 있는 우리가 기본적으로 배워야 하는 경제 지식을 미술이라는 이야기를 통해 알아봅시다. 역사 속 둘의 관계를 되짚어 보면서 경제와 미술을 읽으면 훨씬 흥미로울 것입니다. 그럼 머나먼 과거로 시간 여행을 떠나 볼까요?

1장.

그림 속에 기회비용이 숨어 있다?

기회비용이란?

우리는 수많은 결정을 하면서 살아간다. 작게는 슈퍼에서 과자를 고르는 일부터 크게는 대학, 직장, 배우자를 결정하는 일까지 매번 선택을 해야 하는 순간이 온다. 이때 어느 하나를 선택하면 자연스럽게 다른 것들은 포기하게 된다. 기회비용이란 포기하지 않았다면 얻을 수 있었던 것 중 가장 큰 가치를 말한다.

베르사유 궁전이 화려할수록 커지는 기회비용

말을 탄 남성이 여성을 납치하고 있습니다. 여성이 격렬하게 저항하지만 남성은 다리를 잡고 놓아주지 않습니다. 이 작품에는 다리를 붙잡고 있는 남성의 팔 근육과 앞발을 높게 쳐들고 있는 말의 움직임이 생생하게 묘사되어 있습니다. 작품의 이름은 〈레우키포스 딸들의 납치〉, 제우스의 아들 카스토르와 폴룩스가 말을 타고 나타나 레우키포스의 두 딸을 강제로 데려가는 장면을 담은 그림입니다.

〈레우키포스 딸들의 납치〉를 그린 페테르 파울 루벤스는 바로크를 대표하는 화가입니다(바로크는 대략 1600년경부터 1750년경까지 이탈리아를 비롯한 유럽의 여러 가톨릭 국가에서 발전한 미술 양식을 말합니다). 그가

페테르 파울 루벤스, 레우키포스 딸들의 납치, 1618년경 / 루벤스는 바로크 시대를 대표하는 화가로, 당시 플랑드르에서 최고의 화가로 불렸다. 그의 작품에는 바로크 시대 미술의 특징이 잘 드러나 있다.

활동했던 바로크 시대는 르네상스가 끝나고 새로운 시대로 넘어가면서 예술, 문화, 사회 면에서 모두 큰 변화를 겪던 시기입니다. 시대적 특성을 반영한 것인지, 이 시기에 그려진 그림은 대개 명암의 대비가 강렬합니다. 또한 입체감, 역동성이 강하게 나타나고, 극적인 감정을 표현해 상황을 드라마틱하게 연출하는 것이 특징입니다. 루벤스 역시 인물의 움직임을 역동적으로 그린 화가로 유명하지요.

화려함의 극치였던 베르사유 궁전

바로크 미술의 특징은 그림 작품 말고도, 당시 지어진 성당과 궁전 같은 건축물에도 잘 반영되어 있습니다. 대표적인 예가 프랑스 파리에 있는 베르사유 궁전입니다. 파리에 가는 사람이라면 꼭 한 번은 들러 볼 만큼 프랑스를 대표하는 건축물이지요.

화려하고 웅장한 베르사유 궁전은 당시 왕권이 얼마나 강했는지 상징적으로 보여 주기도 합니다. 이 거대한 성을 짓기 위해서 많은 국민의 세금과 노동력, 시간이 희생되었고, 완공된 이후에도 긴 시간 동안 왕의 권력만을 위해 존재했기 때문입니다.

베르사유 궁전을 프랑스의 상징으로 만든 왕은 루이 14세입니다. 루이 14세는 어린 나이인 5살에 왕위에 올랐습니다. 그가 즉위한 뒤 어머니와 재상 쥘 마자랭이 대신 나라를 다스렸고, 20대 초반이 되어서야 비로소 스스로 왕위를 강화할 수 있었습니다. 성인이 된 루이 14세는 누구보다 힘 있는 왕이 되고 싶었습니다. 그래서 스스로를 '태양왕'이라고 부르며 권위를 내세웠습니다. 그는 열정적으로 정치에 임했습니다. 나라를 직접 다스린 초반에는 스페인, 네덜란드와 전쟁을 치르면서 중요한 영토를 얻어 냈습니다. 또한 경제를 안정시키고 산업을 발전시켰지요. 문화와 예술에도 힘을 써 프랑스 문화를 화려하게 꽃피우기도 했습니다.

하지만 루이 14세는 사치와 낭비벽이 심했습니다. 특히 자신만을 위해 베르사유 궁전을 아주 화려하게 꾸몄는데, 이때부터 허영심 많은 독재자로서의 삶이 펼쳐지게 됩니다.

베르사유 궁전은 원래 그의 아버지 루이 13세가 지은 사냥용 별장이었습니다. 번잡함을 피해 편히 쉴 수 있도록 만든 장소였지요. 루이 13세가 죽은 뒤 아들인 루이 14세가 이를 증축해 거대한 궁전으로 만들었습니다. 자신의 왕권을 강화하기 위해 역사에 기념비로 남을 만한 건물을 세우기로 한 것입니다.

루이 14세는 베르사유 궁전을 최대한 호화스럽게 보이도록 설계했습니다. 베르사유 궁전에는 수많은 방, 거대한 정원이 불필요해 보일 정도로 가득 채우고 있습니다. 궁전의 전면 길이만 680미터이고 방 수만 약 2,300개입니다. 정원은 수많은 분수뿐만 아니라 대운하까지 있을 정도로 거대했습니다.

이 궁전을 짓는 과정에서 프랑스 국민이 겪은 고통은 엄청났습니다. 당시 최고의 건축가와 조경사 들이 베르사유로 모였고, 매년 3만 명이 넘는 노동자가 건축 현장에 투입되었습니다. 그중에는 무보수로 일하는 강제 노동이 포함되어 있었는데, 작업 환경이 너무나 가혹해서 전염병이 번지기 쉬웠으며 사고로 죽는 사람도 여럿이었습니다. 사망자가 너무 많이 생기자 루이 14세는 이 문제를 논의하지 못하도록 함구령을 내리기도 했습니다. 이렇게 막대한 나랏돈과 시간, 노동력을 아낌없이 투입한 궁전은 화려함 그 자체가 되었습니다.

사실, 무리하게 공사를 진행한 배경에는 지방 귀족들의 영향력을 줄이고 왕권을 강화하려는 계획이 숨겨져 있었습니다. 베르사유 궁전에서는 연일 파티가 벌어졌고 시각적 즐거움이 가득했습니다. 그곳은 왕이 사는 집이자 즐길 거리가 가득한 일종의 테마파크 같은 공간이었습니다. 루이 14세는 지방의 귀족과 고위층 귀족이 궁전에 오게끔 유도했습니다. 귀족들이 오랫동안 머무를 수밖에 없는 시설을 마련함으로써 그들의 삶이 음주 가무와 사치로 뒤덮이기를 바란 것이지요. 루이 14세의 예상은 적중했습니다. 베르사유 궁전의 화려함은 프랑스 전역에 소문났고 귀족들이 쾌락에 빠져 머릿속이 흐려질수록 왕권은 더욱 강해졌습니다. 지방 귀족들은 베르사유의 달콤함을 맛보기 위해 먼 길을 한달음에 달려왔습니다.

그들이 궁에서 살면서 쓰는 생필품도 모두 돈이었습니다. 베르사

피에르 파텔, 베르사유 궁전, 1668년경

유 궁전에 드나드는 상인들은 모두 루이 14세와 연결 고리가 있었습니다. 상인들은 귀족들에게 화려한 의상, 금품, 가구, 장신구 등을 판매했으며 그 돈은 왕실의 주머니를 두둑하게 해주었습니다.

베르사유 궁전은 궁정 문화의 진수라고도 할 수 있었습니다. 이곳에서는 혈통이나 가문에 따른 인사법, 인사할 때 머리의 각도와 걸음 수 등 모든 것이 철저하게 규정되었습니다. 이렇게 국가의 모든 자본이 투입된 궁전에서 왕은 절대적인 힘을 발휘할 수 있었습니다. 왕의 권력에 도전하던 지방 세력들의 의지는 천천히 사그라들었습니다.

왕권을 강화한 루이 14세는 절대 왕정의 중심이 되어 스스로를 태양왕이라 불렀습니다. 프랑스의 철학자인 볼테르는 루이 14세가 "짐이 곧 국가다"라는 말을 했다고 각색하기도 했는데, 사실 여부를 떠나 당시의 시대 분위기가 어땠는지 알 수 있는 대목입니다.

영토 욕심도 많았던 루이 14세는 프랑스를 최고의 국가로 만들기 위해 전쟁을 치르기도 했습니다. 그는 막강한 왕권에 힘입어 식민지 전쟁부터 스페인 왕위 계승 전쟁까지 크고 작은 전쟁에 관여했습니다. 무모한 침략 전쟁을 거듭하며 국력은 점점 약해졌습니다. 전쟁에 막대한 비용이 들었고 거기에 베르사유 궁전의 유지비와 사치스러운 귀족 문화에 드는 비용까지 더해져 국가 재정도 점점 위태해져 갔습니다. 그 과정에서 루이 14세는 국민들에게 과도한 세금을 요구했는데, 이에 지친 국민들은 점점 왕을 원망하게 되었습니다. 이는 훗날 루이 16세 때 프랑스 혁명이 일어나는 계기가 됩니다.

루이 14세는 그 와중에서도 왕권 강화에 방해되는 것은 모두 차단시켰습니다. 대표적으로 1685년 종교의 자유를 약속한 낭트 칙령을 폐지한 일을 들 수 있습니다. 과거에는 종교를 중심으로 권력이 형성되었는데, 이를 견제하기 위한 행동이었습니다. 이 행위로 그는 국내외 여론의 격렬한 비판을 받았고, 국제적으로 고립되었습니다. 그뿐만 아니라 남프랑스에 사는 위그노 농민들이 반란을 일으키는 원인이 되었습니다(위그노는 프랑스의 프로테스탄트 칼뱅파 교도를 부르는 말입니다. 프로테스탄트는 가톨릭에서 분리되어 나온 기독교 분파로 개신교라고도 부릅니다). 낭트 칙령의 철회로 대략 20만 명의 신교도(프로테스탄트) 상공인과 기술자가 해외로 이주했습니다. 공장제 수공업과 무역회사의 실패, 불황으로 타격을 받은 프랑스의 경제와 산업이 다시 한번 치명타를 입었습니다. 무모했던 태양왕의 장기 통치가 끝날 무렵 프랑스는 아주 궁핍했습니다. 1714년에는 프랑스 정부 부채가 20억 리브르에 달했으며, 통치 말기에는 기근까지 일어났습니다.

루이 14세가 선택한 것과 포기한 것

우리가 가진 재화는 한정되어 있습니다. 아무리 돈이 많다고 한들 모든 것을 다 가질 수는 없지요. 무엇인가를 선택하면 필연적으로 다른 대안을 선택할 수 있는 기회를 포기해야 합니다. 경제학에서는 이렇게 하나를 선택했을 때 포기한 다른 것의 가치를 '기회비용'이라고 부릅니다. 이때 포기한 모든 것이 기회비용은 아닙니다. 포기한 것 중에서도 가장 가치가 큰 것만 기회비용이라고 하지요.

예를 들어 물감을 사기 위해 화방에 들렀다고 가정해 봅시다. 내가 그리려는 그림은 파란 하늘 아래에 빨갛고 노란 꽃이 만개한 풍경입니다. 가진 돈이 5,000원밖에 없기 때문에 파란색, 빨간색, 노란색 물감 중에 하나만 살 수 있습니다.

만약 5,000원으로 파란색 물감을 샀다면 빨간색, 노란색 물감을 살 수 있는 기회는 포기하게 됩니다. 기회비용은 파란색 물감 다음으로 사고 싶었던 물감이 되겠지요. 파란색 다음으로 빨간색을 사고 싶었다면 빨간색 물감이 기회비용이라고 할 수 있습니다.

파란 물감으로 마음껏 하늘을 그린 뒤 만족스러웠다면 합리적으로 선택한 것입니다. 그런데 막상 그림을 그리려고 보니 빨간색 꽃을 더 그리고 싶다면 내가 선택한 것보다 기회비용이 크다는 뜻이므로 좋은 선택이 아니었다고 할 수 있습니다.

이처럼 기회비용은 현명한 선택을 내릴 수 있는 기준이 됩니다. 다르게 말하자면, 기회비용을 최소화할 수 있는 선택을 해야 합리적이라고 할 수 있습니다.

시아신트 리고, 루이 14세 초상화, 1701년 / 리고의 고객은 대체로 상류 계급이었다. 그는 주로 루이 14세의 초상화를 그렸고, 그가 그린 초상화가 베르사유 궁전 옥좌실에 걸릴 정도로 국왕의 총애를 받았다. 그의 명성은 전 유럽으로 퍼져, 각국의 왕후, 귀족, 성직자, 문인 들의 주문이 쏟아졌다.

기회비용이라는 개념을 베르사유 궁전에 적용해 볼까요? 기회비용을 고려했을 때 루이 14세의 선택은 현명했을까요, 현명하지 못했을까요?

모든 일에 기회비용이 있듯이, 국가를 통치하는 왕도 원하는 것을 얻음으로써 포기해야 할 가치가 있었습니다. 루이 14세의 절대 왕정 시기는 문화의 발전과 변화를 가져왔습니다. 강력한 왕권을 추구하면서 전쟁에서 이기고 문화 예술도 꽃피우면서 프랑스 문화의 가치를 드높였습니다. 그 덕에 프랑스는 베르사유 궁전이라는 세계적인 건축물을 가지게 되었습니다. 반면 강압적이고 무리한 정책을 밀어붙이며 왕권 쇠퇴의 시작점이 되었습니다. 왕이 가진 허영심이 나라를 파산으로 몰아넣었지요. 무엇보다 루이 14세는 프랑스 국민의 삶을 보살필 기회를 포기했습니다. 국민들은 국가를 위해 과도한 세금을 내야만 했습니다. 베르사유 궁전은 국민들에게 과도한 세금과 그로 인한 가난, 노동이라는 고통을 안겨 주었고, 덩달아 벌어진 국력 소모는 다음 세대에 프랑스 혁명이 일어나게 했습니다. 즉, 왕정을 몰락하게 하는 계기가 되었습니다. 왕권 강화를 위해 선택한 일이 아이러니하게도 왕권의 약화를 가져온 셈입니다. 루이 14세가 선택한 가치보다 기회비용이 훨씬 컸으니 결론적으로 좋은 선택을 했다고 할 수 없습니다.

살아가며 어떤 선택을 하느냐에 따라 상반된 결과가 따라옵니다.

미래의 진로를 위해 대학을 선택하는 일이든 마트에서 물건을 고르는 것이든, 누구나 자신에게 가장 이득이 되는 선택이 무엇일지 고민합니다. 이때 우리는 여러 가지 사항을 고려해 최선의 선택을 하려 애씁니다. 일상생활에서 결정을 내릴 때마다 내가 포기해야 하는 기회비용을 기준으로 삼아 보면 어떨까요? 루이 14세처럼 국가적 규모의 선택은 아닐지라도, 합리적인 선택이 무엇일지 생각해 볼 수 있는 계기가 될 것입니다.

루벤스,
기회비용을 생각해 작업한 화가

한 가족이 휴가철을 맞아 피서지 근처 콘도로 떠나려 합니다. 주유소에서 차 연료 탱크를 채우고 마트에 들러 간식으로 먹을 망고와 바나나도 샀습니다. 상상만 해도 즐거운 광경이지요. 그런데 그동안 당연하게 생각했던 일에 문득 의문이 생깁니다. 주유소의 휘발유와 망고, 바나나는 어디서 왔을까요? 우리나라에서 생산되지 않는데 말이죠. 이런 물건들을 어떻게 이렇게 쉽게 구입할 수 있게 된 걸까요? 여기에는 '기회비용'과 '비교 우위'라는 경제학적 원리가 숨어 있습니다.

내가 남보다
잘하는 것을 찾아서

나라와 나라 사이에서 서로 상품을 사고파는 일을 무역이라고 말합니다. 우리나라가 외국에 물건을 파는 일은 '수출'이고, 외국에서 물건을 사오는 일은 '수입'입니다. 우리나라에서는 더운 나라에서 자라는 망고나 바나나 같은 과일이 잘 열리지 않습니다. 하지만 어디서든 쉽게 구할 수 있습니다. 해외 제품을 구하기 어려웠던 때가 있었지만 언제부터인가 수입 품목이 다양해지고 그 양도 많아지고 있습니다.

수입을 하는 이유는 '비용' 때문입니다. 물론 엄청난 예산을 들여서 우리나라에 거대한 온실을 짓고 열대 지방과 비슷한 환경을 만들어서 망고와 바나나를 키울 수도 있습니다. 하지만 열대 과일을 직접 생산하지 않고 무역을 통해서 들여오는 이유가 있습니다. 국제적으로 생산을 나눠서 하는 편이 효율적이기 때문입니다. 우리나라는 열대 과일을 수입하는 대신 우리나라가 잘하는 다른 일을 찾습니다. 예를 들어 최신 기술을 활용한 반도체, 자동차 등을 만들어 전 세계에 수출을 하고 있는 것처럼 말이죠. 이 관계를 경제학으로 설명하면 다음과 같습니다.

가상의 A국과 B국를 예로 비교해 봅시다. A국에서 노동자 한 명이 열대 과일을 생산하는 양은 10상자입니다. B국은 노동자 한 명이

1상자를 생산할 수 있기 때문에 A국의 생산 능력이 B국보다 훨씬 뛰어납니다.

	A국		B국
1인당 열대 과일 생산량	10상자	>	1상자
1인당 반도체 생산량	2개	<	10개

이렇게 다른 국가보다 더 잘할 수 있고 효율적으로 만들 수 있을 때, 해당 재화에 대한 '절대 우위'가 있다고 말합니다. 열대 과일에 있어서는 A국이 B국보다 절대 우위에 있다고 할 수 있습니다. 반대로 반도체는 B국의 노동자 한 명이 10개를 만들 수 있습니다. 즉, 2개를 만들 수 있는 A국보다 절대 우위에 있습니다. 따라서 이런 상황에서는 A국은 열대 과일을, B국은 반도체를 만들어 각자 절대 우위에 있는 상품을 교환하는 방법이 훨씬 효율적입니다.

국가별로 지리적 환경이 매우 다릅니다. 기후와 대지의 특성, 바다와의 거리, 천연자원 분포 등이 다른 만큼 절대 우위도 다를 수밖에 없지요. 우리나라 같은 경우는 다른 나라에 비해서 특별한 천연자원은 없지만 무역을 하면서 빠르게 경제 성장을 했습니다. 특히 기술력을 바탕으로 각종 전자 제품을 수출해 외화를 벌어 왔습니다. 즉, 우리나라의 입장에서는 기술력을 판 돈으로 망고를 사 먹는 편이 유리한 것이지요.

하지만 한 나라가 절대 우위에 있다고 해서 모든 일을 다 할 수 있는 것은 아닙니다. 예를 들면 자동차를 잘 만드는 나라가 스마트폰도 잘 만들고, 망고가 많이 열리는 나라에서 바나나도 많이 생산합니다. 그렇다고 한 나라에서 자동차와 반도체를 모두 생산하는 일은 그다지 효율적이지 않습니다. 기회비용을 고려해야 하기 때문입니다.

	A국		B국
1인당 자동차 생산량	5대	>	3개
1인당 반도체 생산량	10개	>	9개

A국의 1인당 자동차와 반도체 생산량을 보면 각각 5대와 10개로 모두 A국이 B국보다 더 많습니다. 자동차와 반도체 생산에 대해서 A국이 절대 우위에 있는 것입니다. 하지만 현실에서는 그렇다고 해서 A국이 모든 생산을 맡지는 않습니다. A국에서 반도체 생산에 투입되는 노동자 한 명을 빼서 자동차 생산에 투입한다고 가정해 봅시다. 그렇다면 자동차 1대를 생산하면서 포기해야 하는 반도체는 2개입니다. 이런 식으로 각 재화 생산의 기회비용을 계산하면 다음 표와 같습니다.

	A국		B국
자동차 1대 생산의 기회비용	반도체 2개	<	반도체 3개
반도체 1개 생산의 기회비용	자동차 1/2대	>	자동차 1/3대

표를 보면 자동차 1대를 생산하기 위해서 A국은 반도체 2개를, B국은 반도체 3개를 포기해야 하는 것을 알 수 있습니다. 반도체 1개를 생산하려면 A국은 자동차 1/2대를, B국은 자동차 1/3대를 포기해야 합니다. 자동차 1대 생산의 기회비용은 A국이 적고, 반도체 1개 생산의 기회비용은 B국이 적다고 할 수 있습니다. 이렇게 재화당 생산의 기회비용이 적은 것을 가리켜 '비교 우위'가 있다고 말합니다. 다시 말하면 반도체 생산에 대해서는 B국이 비교 우위가 있습니다. 이런 상황에서는 A국이 자동차를 생산하고 B국이 반도체를 생산해 교환하는 편이 효율적입니다. 결국 국가에서 재화를 만들어 교환하는 일에는 근본적으로 기회비용이라는 이유가 있다고 할 수 있습니다.

물론 비교 우위를 통한 국제적 분업이 늘 좋은 것만은 아닙니다. 자유 무역에 장단점이 모두 있기 때문입니다. 예를 들어 국내 특정 브랜드에서 아주 멋진 디자인의 식탁을 만들어 팔고 있는데, 비슷한 디자인으로 만들어진 값싼 중국산 제품이 마구 들어온다면, 기존의 국내 가구는 상대적으로 인기가 떨어져 손해를 보게 됩니다. 우리나라에서 충분히 재배할 수 있는 쌀, 보리, 참기름 등도 마찬가지입니다. 농수산품을 모두 외국에서 들여오면 국내 농가나 기업이 위기에 빠질 수도 있습니다. 싼 가격의 외국산 농산물이 대량 수입되면, 국산 농산물이 팔리지 않아 농민이 큰 피해를 볼 가능성이 큽니다. 농업은 국민의 식량을 책임지는 1차 산업인 만큼 국가적으로 보호해야

폴 세잔, 사과와 오렌지, 1899년경 / 근대 회화의 아버지라 부르는 세잔은 사과를 자주 그렸다. 그는 사과를 붉은색으로 칠한 후 명암과 반사광을 넣어 사과처럼 보이게 하는 전통적인 방법을 따르지 않았다. 대신 물감을 섞지 않고 붓질의 방향과 터치로만 색의 변화를 표현했으며, 원근법을 무시하고 그렸다. 이는 보는 이들이 어떤 사물을 보든 직관적으로 받아들이게 하려는 의도였다. 사물을 바라보는 세잔의 시선은 당시 사람들에게 새롭게 느껴졌고, 이 점이 남들과는 다른 절대 우위가 되었다.

합니다. 그래서 세계 각국에서는 자유 무역과 보호 무역을 조절하며 적절한 균형을 이루려고 노력합니다.

조수들을 활용해서 브랜드 가치를 키운 예술가

기회비용과 비교 우위라는 개념은 개인의 경쟁력에도 접목할 수 있습니다. 특히 비교 우위를 잘 고려해 자신의 브랜드 가치를 차별화한 예술가가 있습니다. 바로 17세기에 유럽의 바로크 양식을 확립한 루벤스입니다.

앞서 〈레우키포스 딸들의 납치〉 그림으로 그에 대해 잠깐 알아보았지요. 그가 그린 그림의 인물은 정적이지 않고 역동적이며 힘이 있었습니다. 지나치게 발달한 인체의 근육과 육중한 여성의 모습 등 작품 속 모든 것이 실물보다 크고, 현실보다 강력했지요. 이런 점은 절대왕정의 화려함을 돋보이게 하고 권력을 미화시키기에 좋았습니다. 그래서 전 유럽의 궁정, 교회, 귀족의 저택에서 그의 그림을 원하게 되었습니다.

루벤스는 재능이 넘치는 화가였지만 수완 좋은 사업가이기도 했습니다. 그는 상류 부르주아 가정에서 태어나 평생 부와 명예를 누리며 호화롭게 살았습니다. 높은 수준의 교육과 든든한 지원을 받으며 자란 그의 행동은 남달랐습니다. 특히 그는 오늘날 상업주의 미술의 흐름을 예견한 듯한 선택을 했습니다.

루벤스는 파티를 자주 열었는데, 이를 작품 활동만큼이나 중요시했습니다. 그의 작업실은 당시 상류층이 모이는 사교의 장이 되었고, 자연스럽게 작품을 홍보하는 기회로 이어졌습니다. 또한 그는 그림을 그리면서 비서에게 시나 편지를 받아 적게 하고, 동시에 조수들에게 작업 지시를 내리는 등 1인 3역으로 일 처리를 하여 방문객을 놀라게 했습니다. 무엇보다 자신의 예술성을 평면 회화에 국한하지 않고 책 표지, 건축, 인테리어 등 다양한 영역으로 확장했으며 재능이 발휘될 만한 기회라고 생각하면 어떤 분야든 주저 없이 참여했습니다.

루벤스는 어린 부인에 대한 사랑으로도 유명했습니다. 그는 첫 번째 부인 이사벨라 브란트가 1626년 흑사병으로 사망한 뒤 계속 혼자지내다 1630년에 16세의 신부와 재혼했습니다. 당시 루벤스의 나이는 53세였습니다. 루벤스가 새로 결혼한 여성의 이름은 엘렌 푸르망으로, 절세미인이었다고 합니다. 결혼 이후 루벤스는 그의 그림에서 등장하는 성모 마리아, 비너스, 트로이의 헬렌, 삼미신(그리스 신화에 나오는 헤라, 아테나, 아프로디테를 이르는 말) 등 거의 모든 미인을 엘렌의 모습으로 그렸습니다.

그는 부동산 투자에도 열정적이었습니다. 작품을 판매한 돈으로 이탈리아에 대저택을 지었는데, 이 저택을 작업실이자 사무실로 활

페테르 파울 루벤스, 전쟁과 평화, 1629년경

용했습니다. 투자를 목적으로 시내 외곽에 있는 오래된 성과 주변의 땅을 사들이기도 했습니다. 그 밖에도 골동품 투자로 상당한 부수입을 올렸습니다. 자신이 구매해 온 컬렉션의 가격을 올려 비싸게 팔아넘겼기 때문입니다. 그 덕에 그는 노후를 여유롭게 보냈고 말년에 그린 풍경화에 루벤스의 여유로움이 잘 담겨 있습니다.

루벤스의 작업 방식은 당시 보편적이던 방식에 비해 매우 효율적이었습니다. 그는 작업실에 여러 화가를 고용해 월급을 주고는 자신의 그림을 나누어 그리게 했습니다. 스케치는 루벤스가 직접 했지만 스케치를 옮기는 사람, 인물의 얼굴만 그리는 사람, 옷과 장신구를 그리는 사람 등을 두어 공장 같은 시스템을 만든 것입니다. 구상, 스케치, 채색 등 그림을 그리기 시작해서 완성될 때까지의 모든 작업을 루벤스가 혼자 한다면 훨씬 잘할 테지만, 그는 제자들에게 최대한 많은 작업을 맡겼습니다. 그림이 그려지면 그는 끝손질만 했습니다. 기회비용, 즉 그림을 그릴 시간에 다른 일을 할 수 있다는 점을 생각한 것이 분명합니다.

그림을 그릴 때 제자들의 도움을 받는 것은 중세 때부터 일반화된 일이었습니다. 하지만 루벤스는 도제식 공방 운영의 작업 단계를 좀 더 세분화했기 때문에 특별하다고 할 수 있습니다. 누구는 물감 색을 만들고 누구는 색을 칠하는 등 각 사람의 재능을 파악해 적재적소에 배치하는 방식으로 작품을 생산한 사람은 그가 최초였습니다.

페테르 파울 루벤스, 모피를 두른 엘렌 푸르망, 1636년경 / 루벤스의 두 번째 아내 엘렌은 아주 매력적인 사람이었다고 한다. 왕자였던 페르디난트 추기경이 그녀를 가리켜 안트베르펜에서 가장 아름다운 여인이라고 쓴 편지가 남아 있을 정도다.

페테르 파울 루벤스, 인동덩굴 그늘에서 부인 이사벨라 브란트와 함께 있는 화가의 자화상, 1609년경 /
1609년, 루벤스는 펠리프 2세의 딸 이사벨라와 그녀의 남편 알베르토 대공의 궁정 화가가 되었다. 그해에
루벤스는 결혼식을 올리고 자신과 배우자의 자화상을 남긴다. 이후 루벤스는 유럽 전역의 왕궁을 오가며 외
교관 역할도 같이했는데, 마케팅 능력과 귀족적인 우아함, 능숙한 외교 능력으로 궁정에서 더욱 환영받았다.

산업혁명이 오기 전에 이미 자본주의 생산의 특징인 분업의 효율성을 알고 있었다고 말할 수 있습니다. 이런 작업 덕분에 그는 2,000점이 넘는 작품을 남겼습니다. 엄청난 생산량이지요. 그 덕에 그의 작품은 현재 유럽의 어느 미술관을 가든 편하게 감상할 수 있습니다. 굳이 비유하자면, 지금의 스타벅스나 맥도날드 같은 체인점을 어느 거리에서나 볼 수 있는 것과 비슷하다고 할까요.

그는 너무 상업적이고 악덕 고용주라는 비판도 받았다고 합니다. 이에 더해 왕과 귀족에게 아첨하는 비굴한 예술가라는 평가를 받기도 했습니다. 당시에는 효율성을 추구하며 수익 창출을 하는 그의 행동이 낯설었던 것이지요.

다시 말하면 루벤스는 노동 인력을 적극적으로 활용하고, 사람들이 모이는 파티 장소를 만들었습니다. 그뿐만 아니라 작품 제작을 공장화하고, 투자로 자본금을 충당하는 일에 전략적으로 임했습니다. 그래서 당시 유럽에서 가장 영향력 있는 인물이자 결국 세기에 남는 거장이 되었지요. 다른 사람의 손을 빌리더라도 효율적으로 자신의 예술 세계를 펼쳐 나간 그의 삶에서, 우리는 경제적 사고의 중요성을 알 수 있습니다.

루이 14세의 콤플렉스로
탄생한 의외의 것들

베르사유 궁전의 일상을 더 자세히 들여다보면 재미있는 사실이 많다. 베르사유 궁전은 호화로운 모습과 달리 악취가 풍기는 곳이었다. 궁전에 화장실이 없었기 때문이다. 품격 있는 모습을 위해 일부러 화장실을 만들지 않았다고 하는데, 그 때문에 정원에는 늘 사람들의 배설물이 가득했다.

한편 베르사유 궁전에서 매일같이 벌이는 파티 덕분에 패션 문화가 발전하기도 했다. 하이힐과 향수도 이 시기에 탄생했다. 하이힐은 여성보다 남성들이 먼저 신었다. 키가 164센티미터였던 루이 14세는 작은 키를 극복하기 위해 하이힐을 신었다. 11센티미터의 하이힐과 15센티미터의 가발은 왕실의 연회장에서 그를 커 보이게 만들어 주었다. 게다가 궁전 바닥에 오물이 가득했기 때문에 이 오물을 피하기 위해서라도 귀족들은 하이힐을 즐겨 신었다고 한다.

루이 14세의 사생활에도 재밌는 이야기가 숨어 있다. 그는 하루에 식사를 다섯 번 했을 정도로 식탐이 많았다. 특히 단것을 엄청 좋아해 충치를 달고 살았다. 그러다 보니 40세가 되기 전에 모든 치아를 잃게 된다. 그러나 이를 다 뽑은 이후에도 끊임없이 잇몸으로 폭식을 즐겼고 결국 소화 기관에도 문제가 생기고 말았다. 소화 불량 때문에 꾸준히 방귀가 나왔고, 악취까지 심해 스트레스를 많이 받았다

1690년에서 1710년 사이에 유럽에서 만들어진 하이힐

고 한다. 그 덕에 향수를 만드는 기술이 급속도로 발전하게 되었다. 궁전 안에 풍기는 여러 악취를 숨기는 데 향수가 요긴했기에 귀족들도 덩달아 향수를 즐겨 사용했다.

이 시기에는 누구나 개인 요강이 있었다. 하지만 불편하기도 하고 장소의 제한이 있다 보니 아무 데서나 볼일을 보거나 넓은 치마 속을 가림막 삼아 서서 볼일을 보기도 했다. 사치스러운 국왕이었던 루이 14세에게는 좀더 멋지고 화려한 전용 좌변기가 항상 대기했다.

그러던 어느 날 루이 14세가 치질에 걸리게 되어 외과 의사를 불러 치질 수술을 받게 되었다. 당시의 외과 의사는 이발하는 일도 겸직했으며(18세기경까지는 유럽에서 외과 의사가 이발소도 같이 운영했다. 이발소 간판의 빨간 줄, 파란 줄, 흰 줄은 정맥과 동맥, 붕대를 의미한다), 크게 인정받는 직업은 아니었다. 하지만 이 시기를 계기로 프랑스의 의술이 발전하게 된다.

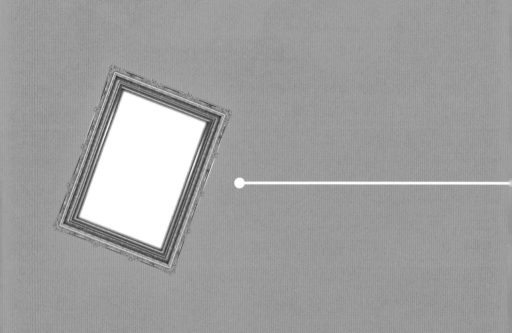

2장.

예술의
경제적 가치는
어떻게 매겨질까?

수요와 공급이란?

수요는 어떤 재화나 용역을 특정 가격에 사려고 하는 욕구다. 어떤 재화가 경제적 가치를 지니고 있다면 사람들은 그재화를 구매하려고 한다. 이와 반대로 공급은 필요나 요구에 따라 시장에 상품이나 서비스를 팔려고 하는 욕구다.

시장에서는 수요와 공급에 따라 자연스럽게 가격이 형성된다. 어떻게 보면 모든 경제 문제가 수요와 공급에 따라 달라진다고 할 수 있다.

모나리자가 천문학적인
가격으로 팔린 이유

공장은 물건을 사려는 사람이 있어야 돌아갑니다. 반대로 누군가 물건을 만들어야 상점 매대가 채워지고 사람들이 물건을 살 수 있습니다. 우리 주변에서 물건을 사고파는 모습만 봐도 수요와 공급이 긴밀하게 맞물려 있다는 점을 알 수 있지요. 수요와 공급은 마치 공생 관계처럼 서로가 필요합니다.

그런데 어떤 물건이 얼마나 필요한지는 사람마다 다릅니다. 각자 사고팔려는 수량도, 적당하다고 생각하는 가격대도 다릅니다. 20만 원짜리 무선 이어폰을 보고 누구는 이 정도 값을 치러도 아깝지 않다고 생각하고 누구는 이렇게 비싼 이어폰은 필요 없다고 생각하지요. 따라서 생산자는 소비자의 욕구와 가격 경쟁력 등을 고려해 물건을 생산하고, 소비자 역시 가격, 브랜드, 제품 스타일 등에 주목해서 구매 여부를 결정합니다. 이 장에서는 수요와 공급이 어떻게 얽히는지에 따라 확연히 달라지는 결과들을 살펴보도록 합시다.

| 수요와 공급의
| 연결 고리

수요와 공급의 관계에서 가장 중요한 요소는 가격입니다. 소비자와 생산자가 얻는 만족도는 가격에 따라 달라지기 때문입니다. 소비자는 같은 물건을 비싸게 사면 안 좋을 테고, 반대로 생산자는 같은 물건을 싸게 팔면 안 좋을 테지요. 소비자와 생산자는 각자 최고의 효용을 얻을 수 있는 가격대에 거래를 하려고 합니다. 다음은 가격에 따라 수요량과 공급량이 어떻게 달라지는지를 곡선으로 나타낸 그래프입니다.

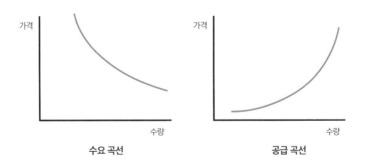

수요 곡선   공급 곡선

수요 곡선에서는 가격이 올라가면 수요량이 줄어들고, 가격이 내려가면 수요량이 늘어납니다. 물건 가격이 비싸면 그만큼 덜 사고, 가격이 싸면 더 많이 사는 것입니다. 당연한 이야기지요. 자연스럽게 수요 곡선은 우하향하는 모습이 됩니다.

공급 곡선은 이와 반대로 움직입니다. 가격이 올라가면 공급량이 늘어나고, 가격이 내려가면 공급량이 줄어듭니다. 생산자는 물건을 최대한 비싸게 팔아야 이익을 더 많이 얻을 수 있기 때문입니다. 따라서 공급 곡선은 우상향으로 올라갑니다.

수요와 공급이 매번 딱 맞아떨어지는 것은 아닙니다. 경우에 따라서는 수요가 많을 수도, 공급이 많을 수도 있지요. 필요한 양은 많은데 시중에 나온 물건이 부족한 경우부터 살펴볼까요? 수요가 많다는 것은 그만큼 많은 이가 찾는다는 뜻입니다. 이것을 경제에서는 '초과 수요'라고 합니다. 찾는 사람이 많아 수요는 많은데 공급되는 제품이 적다면, 즉 초과 수요인 상황에서는 가격이 자연스럽게 올라갑니다. 가뭄이 심해 농사가 힘들어지면 배추가 금처럼 귀해져 가격이 오르는 일과 같습니다. 장마철에 채소 가격이 비싸지는 것은 매년 반복되는 현상이지요.

반대로 공급은 많은데 수요가 적다면 어떻게 될까요? 제품은 넘쳐나는데 사려고 하는 사람이 없다면, 가격은 점점 내려가고 생산자는 급기야 폭탄세일까지 하게 됩니다. 이를 '초과 공급'이라고 합니다.

스마트폰이 생기기 전에 쓰던 폴더폰을 요즘도 사는 사람이 얼마나 있을까요? 편리한 무선 이어폰이 있는데 유선 이어폰을 사는 이들이 앞으로도 많을까요? 이처럼 상대적으로 선호도가 낮아진 물건의 재고가 쌓인다면 생산자는 손해를 보지 않기 위해 가격을 내리려 할 것입니다.

또는 비슷한 제품을 생산하는 업체가 너무 많아 경쟁하기 위해서 가격을 내리기도 합니다. 같은 질의 제품이라면 이왕이면 저렴한 쪽이 매력적이기 때문입니다. 원가를 고려해 제품의 가격을 무작정 낮추기 어렵다면 기업은 기술력을 올려서 제품의 질을 높이는 방법을 택할 것입니다. 마치 스마트폰을 만드는 기업끼리 앞다투어 매해 더 좋은 기술과 혜택을 내세우는 것처럼 말입니다.

생산자 입장에서는 수요에 따라 공급을 적절히 조율해야 손해가 없습니다. 따라서 재고 관리가 아주 중요합니다. 재고가 너무 적어도, 너무 많아도 문제이지요. 특히나 유행에 민감한 제품일수록 재고가 쌓일 위험이 큽니다. 이처럼 공급의 타이밍과 공급량이 중요하기 때문에 제품군에 따라 전략도 다르게 이루어집니다.

예를 들어 음반을 만드는 엔터테인먼트 회사의 사장님은 어떤 전략을 펼칠까요? 가능하다면 다른 엔터테인먼트 회사가 새로운 음반을 내놓기 전이나 히트곡이 나오지 않은 시기에 출시하려고 할 것입니다. 또는 경쟁사와는 아예 다른 장르의 음악을 내놓아서 자기 회사의 음반이 돋보일 수 있는 방법을 찾을 것입니다. 그래야 상대적으로 좋은 타이밍에 음반을 잘 팔고 재고 위험도 낮출 수 있으니까요.

홈 쇼핑으로 생선을 판다면 언제를 공략해야 할까요? 이왕이면 명절을 앞두고 판매해야 훨씬 이목이 집중될 것입니다. 즉, 수요가 몰리는 황금 타이밍에 판매하는 전략을 쓸 것입니다. 명절에는 누구나 생선을 필요로 하기 때문에 가격이 조금 오르더라도 수요가 떨어지지 않습니다. 워터 파크나 놀이동산 안에서는 치킨과 아이스크림이 원래보다 비싸더라도 사 먹게 되는 현상처럼 말입니다. 이처럼 소비자에게 내놓기에 좋은 타이밍과 물량, 시대적 유행, 소비 타깃층의 변화, 장소 등에 따라 생산이 달라집니다.

그렇다면 소비자 입장에서는 제품을 언제 구매해야 이득인지도 알 수 있습니다. 소비자는 같은 질의 제품을 최대한 낮은 가격으로 구매하고 싶을 것입니다. 쉽게 보면, 제품을 판매하는 기업이 재고 정리에 들어가 세일하는 기간을 노리면 됩니다. 에어컨을 저렴하게 구입하기 위해 수요가 적은 겨울에 구매하는 것처럼 말입니다. 내년 여름에 입을 수영복을 겨울에 미리 사는 것도 방법입니다. 다시 말해 수요가 몰리지 않아 제품의 가치, 즉 가격이 낮은 타이밍에 구매하는 전략입니다. 이처럼 수요와 공급은 서로 영향을 미치며, 이 관계에는 다양한 변수가 있습니다.

세상에서
가장 비싼 그림의 비밀

기업이 출시한 지 오래된 가전제품을 헐값에 내놓는 것처럼, 기술이 발전하면서 상대적 가치가 낮아진 제품의 가격은 내려가게 됩니다. 그런데 오래되고 낡았는데도 가치가 올라가는 경우가 있습니다. 시간이 지나 제품의 가치가 떨어지면 대부분 생산이 중단되고 더 이상 구하기 힘들어집니다. 수요가 적다 보니 자연스레 공급이 사라진 것인데, 바로 이 점이 특별함으로 부각되어 제2의 가치로 급부상할 때가 있습니다. 골동품이나 빈티지 오디오, 고가구처럼 말입니다.

이런 제품들을 가리켜 우리는 '희귀하다'고 말합니다. 일반 생산품과는 달리 공급이 절대적으로 적기 때문입니다. 오래되거나 특이한 골동품은 세상에 그 제품 딱 하나만 있으니 아주 희귀하다고 할 수 있습니다.

하지만 희귀하다고 해서 모두가 비싸게 거래되지는 않습니다. 오래된 재화라고 무조건 잘 팔리는 것도 아닙니다. 낡은 시디플레이어나 옛날 집의 가격이 모두 오르지는 않는 것처럼요. 더 이상 생산되지 않아 세상에 딱 하나뿐인 가구라고 해도, 그 가구를 원하는 사람이 아무도 없다면 창고에서 먼지만 뒤집어쓰게 됩니다. 그렇다면 어떤 재화의 가치가 올라가는 것일까요?

제품의 가치가 올라가려면 '희소성'이 변수로 작용해야 합니다. 희소성은 무엇을 원하는 사람들의 욕구에 비해 그 재화가 부족한 상태라고 할 수 있습니다. '희귀'가 절대적으로 양이 부족한 경우를 말한다면 '희소'는 사람들이 얼마나 가지고 싶어하는지, 즉 욕구가 얼마나 큰지를 말합니다. 아무리 재화의 양이 많아도 원하는 사람이 더 많으면 희소성이 있다고 할 수 있겠습니다.

희소성이 있으면 해당 재화의 가격이 올라가고, 희소성이 없으면 가격이 내려갑니다. 이를 희소성의 법칙이 적용된다고 합니다. 예를 들어 물과 다이아몬드를 비교해 보겠습니다. 사람이 살아가는 데 꼭 필요하고 더 많이 소비하는 것은 물입니다. 하지만 가지고 싶어 하는 마음에 비해 공급량이 훨씬 적은 것은 다이아몬드입니다. 이렇게 다이아몬드의 희소성이 크기 때문에 가격도 훨씬 높습니다. 사람들은 다이아몬드처럼 희소성이 있는 제품에 기꺼이 지갑을 엽니다.

어떤 물건을 원하는 이유는 다양합니다. 지금은 찾아볼 수 없는 독특한 과거의 디자인과 분위기, 또는 그 제품만의 스토리, 소유자의 역사나 시대적 배경, 이슈성 등이 그 이유일 수 있습니다. 그중 오래될수록 가치를 최고로 치는 재화가 있습니다. 무엇일까요? 바로 미술품입니다. 옛 미술품은 과거의 재화이기도 하지만 대부분 예술가가 직접 만든 제품이기도 합니다. 기계로 찍어 낸 공산품의 성격과는 가장 거리가 멉니다. 예술가의 손으로 직접 제작되었다는 것은 같은 제품을 똑같이 만들 수 없다는 뜻이고, 그 때문에 세상에 하나뿐이라는 가치가 생깁니다. 만약 그 미술품을 만든 화가가 세상을 떠난 사람이라면 제작의 가능성은 완전히 사라지기 때문에 희소성이 더욱 커지게 됩니다.

이렇게 희소성 있는 작품이 본격적으로 금전적 가치를 지니려면 그 미술품에 얽힌 역사적 배경이나 화가의 일화 등 이슈가 될 만한 이야깃거리가 필요합니다. 냉정한 이야기지만, 예술은 이슈가 되지 않으면 아무도 모릅니다. 에두아르 마네의 〈풀밭 위의 점심식사〉는 벌거벗은 여성이 부르주아 남성들과 함께 피크닉을 즐기는 장면을 그린 작품입니다. 당시 부르주아들의 위선을 지적하고 있는 이 작품이 공개되자 많은 사람이 불편해했습니다. 1863년 이 그림이 공개된 전시회는 개관 당일에만 7,000여 명 이상의 관람자가 몰렸고 분노한 사람들이 우산으로 그림을 찢으려 했기 때문에 바닥에서 3미터 이상의 높이에 걸어 놓아야 했다고 합니다. 이런 논란이 생기면서 마네의 명성은 오히려 높아졌습니다. 파블로 피카소, 반 고흐 등도 마찬가지입니다. 많은 사람에게 이슈가 되고 나서야 작품 가치가 더 올랐습니다. 작품이 아무리 좋아도 이슈가 없다면 작품 가격 상승에 한계가 있습니다.

작품 자체로 다양한 이슈를 만들었던 레오나르도 다빈치의 〈모나리자〉가 좋은 예입니다. 〈모나리자〉는 기네스북이 작품 가격을 약 40조 원으로 추정하고 있을 만큼 비싼 작품으로 손꼽힙니다. 〈모나리자〉는 다빈치가 피렌체의 어느 부호의 부인을 그린 초상화입니다. 눈썹이 없는 여인의 모습으로도 유명하지요. 〈모나리자〉의 눈썹이 없는 것을 보고 사람들은 당시 미인의 기준이 눈썹이 없는 것이었다, 다빈치가 일부러 눈썹을 그리지 않았다 하며 여러 가설을 내세웠습니다. 다양한 이야기가 돌고 돌면서 〈모나리자〉의 눈썹은 누구나 아는 이슈로 자리 잡았고 그림 속 여인의 미소를 더욱 신비하게 만들었습니다. 이 작품을 소재로 만든 〈다빈치 코드〉라는 영화가 있을 정도이지요.

전 세계에서 가장 비싼 경매액으로 낙찰된 작품 역시 다빈치가 그린 〈살바토르 문디〉입니다. 한 손에는 수정 구슬을 들고 다른 한 손으로 축복을 내리는 예수 그리스도를 그린 이 작품은 경매에 나오기 전부터 엄청난 화제였습니다. 20점도 채 남지 않은 다빈치의 작품일 뿐만 아니라, 다빈치 특유의 스푸마토 기법(물체의 윤곽선이 번지듯 자연스럽게 명암을 넣는 기법)으로 그려진 예수 그리스도의 모습이 모나리자의 분위기와 비슷했기 때문입니다. 그래서 '남자 모나리자'라는 별명이 붙기도 했습니다.

〈살바토르 문디〉는 원래 손상이 심하고 덧칠이 많이 되어 있어 누구 작품인지조차 확인되지 않았던 작품입니다. 1900년쯤에 프랜시스 쿡이라는 그림 수집가가 다빈치의 작품인지 모른 채 이 작품을 사들였고 그의 후손들이 1958년에 열린 소더비 경매에서 단돈 45파

레오나르도 다빈치, 모나리자, 1503-1506년

레오나르도 다빈치, 살바토르 문디, 1500년경

운드에 판매했습니다. 우리나라 돈으로 7만 원쯤 되는 금액입니다. 당시에는 다빈치의 제자가 그린 직품이거나 제자 작품의 복제화라는 의견이 컸지요. 그런데 2005년 붓질의 형태와 염료 등을 정밀 감정한 결과 다빈치의 작품이라고 확인되었습니다. 예수의 왼쪽 눈 부근이 다빈치 특유의 스푸마토 기법으로 그려졌다는 점이 밝혀진 것입니다. 〈살바토르 문디〉는 2017년 11월 뉴욕 크리스티 경매에서 4억 5,030만 달러, 우리나라 돈으로 약 5,000억 원에 낙찰이 됩니다.

이처럼 더 이상 생산되지 않는 데다 스토리까지 담긴 작품이라면 호기심이 몰리게 됩니다. 사람들이 궁금해하고 관심이 집중되면 가격이 상승합니다. 작품에 얽힌 스토리가 경제적 가치로 고스란히 스며드는 것입니다. 사람들이 스토리에 매료되었는데 공급이 없는 상태라면 가치가 천문학적으로 상승합니다.

실제로 1900년대 초반에 왕성하게 활동했던 구스타프 클림트의 작품도 그랬습니다. 클림트는 보수적인 미술계와 반대되는 작품을 내놓아 논란이 되면서 사람들의 입에 오르내리기 시작했고 그제야 무명 작가에서 전 세계적으로 유명한 화가가 되었습니다. 그림 속 주인공인 두 여인과 스캔들이 퍼진 것도 작품 가격이 가파르게 오르는 데 큰 영향을 끼쳤습니다. 그의 작품 속에 등장하는 인물은 주로 여성이고 관능적인 모습입니다. 그러다 보니 클림트가 그림 속 여인과 무슨 관계인지에 대해서 궁금해하는 사람이 많습니다. 그의 작품

〈키스〉에서도 깊은 사랑의 관계가 그려집니다. 또한 〈유디트〉 속 여성은 스스로 지닌 아름다움에 더해 상대를 유혹하려는 자태와 눈빛으로 대중의 호기심을 불러일으켰습니다. 클림트의 작품은 한때 나치의 소장품에 포함되었다는 이유로 이슈가 되기도 했습니다.

마케팅을 잘하기로 유명한 현대 미술 작가 제프 쿤스 역시 이탈리아의 포르노 여배우 치치올리나와 결혼해 한때 큰 이슈를 끌었습니다. 그 이슈는 쿤스의 작품 가격을 올리는 데 일조했습니다. 피카소도 80세 나이에 35세의 여성과 결혼해서 이슈를 유도하기도 했습니다.

한 재화의 가치가 상승하기 위해서는 대중의 주목이 필요하고 주목을 끌게 하는 이면에는 스토리와 역사적 배경, 희소성 등이 복합적으로 들어가 있습니다. 명품과 명작의 특징은 소수의 전문가나 감별사가 아니라 절대다수인 대중에게 알려져 있다는 것입니다. 수많은 예술가 중 몇몇 이가 유독 많이 회자되는 데는 그림 스타일도 영향이 있지만, 그들의 삶과 관련된 이야기가 더 크게 작용하기도 했습니다. 작가의 삶이 대중에게 알려지고, 그 덕분에 작품도 명작이 되는 것입니다. 작가가 죽고 나서는 생산자의 부재로 인해 작품의 가치가 더욱 올라가게 되고 말입니다.

예술과 대중이
긴밀하게 만나는 순간

미술가는 예술 시장의 생산자라고 말할 수 있습니다. 저마다의 예술 세계를 펼치며 그림을 공급하기 때문입니다. 이때 한 사람이 그려 낼 수 있는 그림의 양은 한정되어 있으니 생산자마다 공급량은 비슷하다고 볼 수 있습니다. 아무리 손이 빠른 화가라도 시장에 나오는 모든 그림을 혼자서 그릴 수는 없고, 아무리 체력이 좋은 조각가라도 조각을 무한정 할 수는 없으니 말이죠.

그러나 그림의 수요에는 큰 차이가 있습니다. 작품이 하나도 팔리지 않아 생활고에 시달리는 무명 작가가 있는가 하면 거장으로 인정받으며 작품이 연일 최고가를 갱신하는 작가도 있습니다. 유명세가 생기고 작품이 팔려야 그 돈으로 필요한 재료도 사고 계속해서 작품 활동을 할 수 있는데, 모든 화가의 작품이 잘 팔릴 수는 없으니 비극적인 삶을 사는 예술가가 생기는 것이지요.

그리고 이런 간극에 결정적으로 큰 영향을 끼치는 존재가 있습니다. 바로 예술의 중간 매개자이자 판매를 이끄는 아트 딜러와 후원자입니다.

피카소와 마티스를 유명하게 만든 사람

예술을 사랑하는 이들에게는 슬픈 이야기지만, 미술품의 수요는 순수하게 작품성으로 생기지는 않습니다. 우선 수요를 이끌어 줄 컬렉터가 필요하고, 컬렉터들이 미술품을 구매하게 할 만한 마케팅과 홍보가 있어야 합니다.

역사적으로 이런 중요한 역할을 아주 훌륭하게 해낸 인물을 한 명 소개하겠습니다. 피카소, 앙리 마티스, 조르주 브라크 등으로 대표되는 전위 예술 발전에 결정적인 기여를 했던 거트루드 스타인입니다.

스타인은 미국의 소설가이자 비평가이며 유명한 미술 후원자였습니다. 그녀는 친오빠와 같이 미술품 수집 사업을 하기로 하고, 작품 수집을 위해 파리로 이주하게 됩니다. 상속받은 재산으로 미술품 수

집 사업을 시작했는데 당시 무명 화가였던 폴 세잔의 작품을 시작으로 신진 화가들의 작품을 대량 구매했습니다. 그녀가 당시 수집한 작품들에는 지금 거장으로 인정받는 예술가의 작품들이 많이 포함되어 있습니다.

소설가이기도 했던 스타인은 각종 작가와 예술가가 한데 모여 교류할 수 있는 살롱을 열었습니다. 많은 작품이 빽빽이 걸려 있던 그녀의 살롱은 단순한 모임 공간을 넘어섰습니다. 매일같이 수집되어 들어오는 각종 작품을 보며, 뜨거운 토론이 오가는 장소가 된 것입니다.

예술가들은 그 살롱에서 새로운 영감을 얻고 관계를 만들어 나갔습니다. 피카소도 이곳에서 어니스트 헤밍웨이와 마티스를 만나서 영감을 얻었고, 새로운 사조를 이끌어 갈 대담함을 길렀다고 합니다. 스타인은 피카소의 작품 스타일이 바뀌더라도 한결같이 믿고 그의 작품을 사들였습니다. 이는 피카소 작품의 가격을 올리는 데 기여했고 피카소의 명성에도 큰 영향을 끼쳤습니다.

스타인이 카리스마가 넘치고 리더십이 있었던 데다가 문학적, 예술적 감각도 겸비했던 터라 예술가들은 늘 그녀 곁에 머물며 조언을 구했습니다. 그녀는 가난했던 많은 예술가가 시대의 획을 긋는 예술가가 되기까지의 모든 과정에서 후원자이자 컬렉터로서 강력한 지원군이 되었습니다.

프랑스 파리 스튜디오에 앉아 있는 거트루드 스타인, 1930년 5월 사진 / 거트루드 스타인은 1900년경 오빠 레오와 파리로 건너가 피카소, 브라크, 마티스 등 많은 화가와 접촉했고 그들의 작품을 사들였다. 오른쪽 벽면에 걸린 그녀의 초상화는 피카소가 그린 것으로, 그녀가 가장 아끼던 작품으로 유명하다.

역사적으로 기억되는 예술가의 뒤에는 그들의 활동을 뒷받침해 주는 후원자가 있었습니다. 공급을 담당하는 화가와 수요를 담당하는 후원자의 궁합은 예술 시장에서 필수적입니다. 파리에 혜성처럼 등장했던 스타인은 힘들고 고독했던 무명 예술가들에게 빛이 되어 주었습니다. 그녀의 후원으로 안정적인 환경을 갖게 된 예술가들은 비로소 새로운 역사를 쓸 수 있었습니다.

브랜드와 예술이 손을 잡으면

때로는 브랜드가 대중과 예술을 잇는 중간 매개자가 되기도 합니다. 패션 기업과 예술가가 손을 잡고 내놓는 컬래버레이션collaboration 제품이 가장 흔한 예입니다. 우리가 입고 쓰고 드는 패션 제품 중에도 예술 작품이 프린팅되어 팔리는 것이 많습니다. 의류나 가방은 일상에서 사용하는 실용적인 물건입니다. 이런 제품에 예술 작품이 활용된다면 더욱 특별해집니다. 따라서 최근의 예술은 실용품과 작품의 경계를 넘나들고 있습니다.

세계적인 명품 브랜드 루이비통과 일본의 예술가 무라카미 다카시의 컬래버레이션이 대표적입니다. 루이비통은 2003년부터 다카시와 컬래버레이션을 진행했습니다. 다카시는 1962년 일본 도쿄에서 태어난 예술가로, 오타쿠 문화와 고급 미술의 경계를 구분하지 않고

런던 갤러리에 전시된 무라카미 다카시의 작품 중 일부, 2018년 8월 12일 사진 / 무라카미 다카시는 대중문화와 상업적인 디자인, 순수 미술의 경계를 허문 팝 아티스트로 유명하다. 특히 <꽃> 시리즈는 일본 전통미술에서 그림 소재로 많이 쓰이던 꽃을 애니메이션적으로 풀어내어 많은 사랑을 받았다. 그는 지금도 음악, 패션 등 여러 분야 브랜드와 컬래버레이션을 진행하고 있다.

다채로운 색감으로 자신만의 세계를 만든 작가입니다. 대량 생산은 일상생활에 깊숙이 침투하는 힘이 있습니다. 다카시는 루이비통과 적극적으로 컬래버레이션을 진행하면서 대중에게 좀더 친숙하게 다가갔고 이름을 본격적으로 알리기 시작했습니다. 이 제품을 구매한 사람들은 미술품을 소유하게 된 느낌을 받았고 그가 컬래버레이션한 제품들은 선풍적인 인기를 끌었습니다. 그 이후로 다른 경쟁 기업도 덩달아 미술 작가와의 컬래버레이션을 시도하기 시작했습니다.

현대 사회에서는 예술의 범주에 기업이 생산하는 기성품도 들어오게 되었습니다. 기업은 브랜드 가치를 끌어올리고 고급화하기 위해 예술가와 컬래버레이션을 해 미술품을 복제하기 시작했습니다. 미술관에서나 볼 수 있는 작품을 가방, 티셔츠 등에 프린팅해 판매한 것입니다.

미술품을 복제하기도 쉬워졌습니다. 작은 픽셀로 이루어진 디지털 그림은 수작업으로 만들어진 그림보다 복제가 훨씬 간편합니다. 추가 재료비도 들어가지 않고 몇 번의 클릭으로 선명하게 복제됩니다. 컴퓨터나 모바일 화면에서 보이는 그림이라면 인쇄할 필요도 없고 잉크 값도 들지 않습니다. 사실 요즘은 굳이 미술관이나 갤러리에 가지 않고도 눈앞에 있는 화면에서 그림을 감상할 수 있습니다. 구글에 〈모나리자〉를 검색하면 붓질까지 보이는 초고화질 파일이 우르르 뜨는 시대니 말입니다.

부오나로티 미켈란젤로의 작품을 갖고 싶다면 디지털 프린팅이 된 그림을 저렴하게 사서 집에 걸 수 있습니다. 물론 원본과는 재료도 다르고 가격도 다릅니다. 과거의 그림이든 현재의 그림이든 원본을 고해상도 사진으로 찍음으로써 대표적인 디지털 이미지 기호인 'JPG'라는 확장자를 얻게 됩니다. 이 확장자는 디지털 세상에 들어올 수 있는 첫 관문이 되고 그 선을 넘으면 자유의 몸이 되어서 디지털 방방곡곡을 누비게 됩니다. 미술관에서는 자칫 엄숙하고 무거울 수 있는 작품이 디지털 세상에서는 하나의 이미지에 지나지 않는 것입니다.

이런 특징을 가진 것 중 하나가 오늘날의 일러스트입니다. 일러스트는 상업적인 목적의 그림을 말하는데, 편의점에서 사 먹는 과자 포장지, 팬시상품의 캐릭터, 게임에 나오는 이미지 등으로 쉽게 접할 수 있습니다. 일러스트는 처음부터 디지털로 작업하는 경우가 많습니다. TV나 인터넷 등의 광고에도 활용하고 다양한 상품에 쓰이려면 디지털화가 필수이기 때문입니다.

최근에는 미술품 역시도 물감을 이용한 수작업 대신 디지털 프린팅 기법을 자주 사용합니다. 공급량을 늘리고 가격을 낮추기 위해서입니다. 캔버스 천에 프린팅하는 기술도 보편화된 지 오래입니다. 고흐의 〈해바라기〉처럼 유명한 명화 작품을 복제해서 만든 프린팅 작품을 인터넷 쇼핑몰에서 저렴하게 구매할 수 있습니다. 고속도로 휴게소나 화장실에서 인테리어로 걸려 있는 프린팅 작품들도 심심찮게 볼 수 있지요. 현존하는 예술가들 역시 유화로 직접 그린 원화도 판매하지만, 실크 스크린(나무나 금속 틀에 천을 넣어 고정한 다음 잉크를 묻혀 찍어 내는 인쇄법)이라는 판화 기법으로 작품을 추가 제작하기도 합니다. 그래서 소비자가 좀더 저렴한 가격으로 소장할 수 있습니다.

복제된다는 것은 희소성이 사라진다는 뜻입니다. 따라서 가격이 내려갑니다. 대신 상품의 양이 무한히 늘어날 수 있기 때문에 공급량은 늘게 됩니다. 즉, 복제 가능성은 원가를 절감하고 공급량과 희소성을 변화시킵니다. 실제로 원본 작품과 사진을 찍어 출력한 작품은 생김새가 비슷하더라도 가격이 다릅니다.

일러스트는 무한한 복제 가능성을 지니고 있고 다양한 상업적 활용에 대해 동의하고 있는 분야이기 때문에 저작권의 허용도 미술품과는 다릅니다. 미술품보다는 공급도, 수요도 많은 편입니다.

미술품이든 일러스트든 시각 이미지라는 공통점이 있습니다. 기업이 시각 이미지를 활용하는 이유는 분명합니다. 대중에게 효과적으로 접근할 수 있기 때문입니다. 예를 들어 횡단보도를 건널 때 '건너시오'나 '멈추시오'라는 글자보다 빨간불, 파란불을 보여 주는 편이 더 효과적입니다. 시각적 표시가 더 직관적으로 다가오기 때문입니다. 기업 역시 스쳐 지나가는 광고 사이에서 3초 안에 대중의 시선을 사로잡기 위해 이미지를 선호하게 됩니다.

이러한 시각 이미지는 오늘날 일상에서 장식적 효과, 정보 전달, 브랜드 가치 상승 등의 용도로 수요와 공급에 영향을 미칩니다. 미술관에서는 사람이 많이 방문할수록 좋기 때문에 이제 더 이상 예술품만 전시하지 않습니다. 대중이 선호하는 것이라면 상업디자인이건 일러스트건 예술품이건 구분하지 않고 전시를 기획합니다. 대중의 관심은 곧 문화가 되고 자본이 되기에 전시 기획도 이 흐름대로 움직이고 있습니다. 예술이 허용하는 장르의 범주, 작품의 생산 방식까지도 자본주의의 가속화와 함께 움직이면서 경계가 모호해지고 있습니다.

현대에 들어와서는 장르를 막론하고 모든 분야가 수요와 공급의 영향을 받습니다. 수요와 공급의 법칙을 토대로 자본이 생성되고, 그 흐름이 쏠리는 곳에서는 언제나 새로운 가치가 탄생했습니다. 미술품과 일상품은 결국 한 끗 차이입니다. 상업적인 일러스트의 가치가 올라 미술관에 걸리기도 하고, 일러스트의 가격과 미술품의 가격이 별반 다르지 않게 되기도 합니다. 스토리가 담겨 있느냐 없느냐에 따라 선호도가 달라지고, 수요와 공급이 달라지고 있습니다.

재미있는 미술 이야기

미술품을 판매하는
아트 딜러, 경매소

예술품을 교환하는 과정에서 가장 큰 역할을 하는 사람이 아트 딜러다. 아트 딜러는 예술 작품의 소유자와 소비자를 연결해 준다. 소장 가치가 있는 작품을 선별해서 구매하고 싶은데 그런 안목이 없을 경우 소비자는 아트 딜러와 같은 전문가에게 구매를 맡기게 된다. 예술가 입장에서도 다리를 놓는 역할을 하는 아트 딜러에게 작품을 맡기는 경우가 많다. 자신의 작품이 소비자에게 소개되고 판매되는 과정이 편리하고 효과적으로 진행되기 때문이다. 미술품을 거래하려는 소비자가 신분을 밝히기 꺼릴 때도 있다. 이때 아트 딜러가 대리인의 역할도 한다.

미술관에서 전시를 하고 이를 보러 온 사람이 예술 작품을 구매하기도 하지만, 이 과정을 생략하고 바로 구입만 진행하는 시장도 있다. 바로 경매 회사다. 그중에서도 소더비와 크리스티는 세계적인 미술품 경매 회사다. 전 세계 명작들의 가치는 대부분 이곳에서 매겨진다고 보면 된다.

소더비는 1744년 서점 주인이던 새뮤얼 베이커가 오래된 책을 경매하면서 생겨난 회사다. 원래는 서적을 중심으로 경매를 진행했으나 1950년대 후반부터 몰락한 유럽 귀족들의 소장품 경매를 진행하면서 세계 최대의 미술품 경매 회사로 성장했다. 특히 1957년에 있었던 '와인버거 컬렉션' 경매가 유명하다. 네덜란드

은행가이자 유명한 컬렉터였던 와인버거의 소장품을 경매에 부쳤는데 고흐, 오귀스트 르누아르 등의 작품이 리스트에 올랐고 엘리자베스 영국 여왕을 포함해 여러 유명 인사가 참가하면서 화제를 몰았다. 1958년의 '골드 슈미트' 경매도 소더비의 권위를 더했다. 이 경매에는 앤서니 퀸, 커크 더글라스, 윈스턴 처칠의 아내 등 1,400여 명의 유명인사가 파티복을 입고 참여했다. 이는 경매에 참여하는 것이 단순히 그림을 사

소더비에서 경매를 진행하고 있는 모습, 2007년 사진

고파는 일이 아니라 상류 사회의 사교 활동으로 바뀌는 계기가 된다.

크리스티는 소더비와 경쟁 관계에 있는 회사다. 소더비보다 조금 늦은 1766년에 설립되었으며, 소더비보다는 작은 회사였다. 그러던 중 1789년의 프랑스 혁명이 크리스티에게 큰 전환점이 되었다. 혁명 정부가 귀족들에게서 압수한 미술품과 보석 등을 크리스티를 통해서 경매에 올린 것이다. 이로써 크리스티는 그 권위를 인정받고 소더비와 함께 경매 시장의 양대 산맥으로 발돋움하게 되었다.

3장.

그림은 어떻게
사람의 마음을
공략할까?

효용이란?

효용은 소비할 때 얻는 주관적인 만족을 말한다. 사람들은 재화를 소비함으로써 만족감을 얻는다. 그런데 이 만족감은 더 많이 소비한다고 해서 무한정 늘지는 않는다. 아무리 맛있는 음식도 한 그릇을 먹을 때는 맛있지만 열 그릇을 먹게 되면 오히려 괴로워지는 법이다. 이를 '한계 효용 체감의 법칙'이라고 한다.

사람들이 가지고 싶어 하는
그림의 비밀

누구나 아름다운 것을 보면 갖고 싶다는 마음이 듭니다. 우리가 일상적으로 쓰는 가구, 책, 의류 등은 이 소유욕을 공략하기 위해 아름답게 치장하는 과정을 거칩니다. 다른 말로 하면 '디자인을 한다'고 할 수 있겠죠. 어떤 재화든 상업적인 용도에 맞는 아름다움이 있어야 많은 이가 매혹되기 때문입니다.

그중에서도 예술품은 '아름다움을 소유하고 싶은 마음'을 위해 태어난 재화라고 할 수 있습니다. 이번 장에서는 아름다움에 대한 인간의 원초적인 갈망을 충족시킨 화가를 소개해 보려고 합니다. '욕망의 화가'라는 별명이 어색하지 않은 그는 바로 에로틱과 욕망을 상징

구스타프 클림트, 키스, 1907-1908년 / 클림트는 생전에 자신의 그림에 대해 한 번도 설명한 적이 없고, 인터뷰도 하지 않으며, 사생활은 철저히 숨겼다. 이런 수수께끼 같은 이미지 덕분에 그의 그림은 더욱 더 이슈가 되었다.

적으로 표현한 화가 클림트입니다. 우리에게는 〈키스〉라는 그림으로 잘 알려져 있지요.

아름다운 욕망을 그린 화가

클림트의 작품에는 관능적인 여성의 이미지가 유독 자주 등장합니다. 이 주인공들은 사랑을 갈구하고 적극적으로 쟁취하려 드는 모습을 보입니다. 그리고 클림트는 이들을 온통 황금색과 화려한 문양으로 치장시킵니다. 작품에 실제 금박을 붙였지요. 욕망 어린 표정과 몸짓에 부를 나타내는 황금색이 더해져 그의 작품에는 무엇인가를 갈구하는 분위기가 극대화되어 있습니다.

클림트는 화가인 자신의 욕망까지 솔직하게 드러내는 편이었습니다. 그는 주로 부유한 계층의 중년 여성을 그렸는데, 작품을 전시할 때마다 여성 모델이 바뀌어서 논란의 대상이 되었습니다. 그림 속 여인들과 화가가 무슨 관계인지가 연일 화제에 올랐지요. 그럼에도 귀족 부인의 상당수가 그의 모델이 되고 싶어 했다고 합니다.

인간의 가장 기본적인 욕망인 사랑을 소재로 삼고, 자본을 상징하는 금을 작품에 자주 사용한 클림트. 그림 속 뜨거운 욕망을 악인도 알아보았던 것일까요. 클림트의 그림은 한때 히틀러가 무력으로 강탈해 소장한 일화로도 유명합니다. 원래 미술에 관심이 많았던 히틀러는 학생 때 가고 싶던 미술 대학 시험에 세 번이나 떨어졌다고 합니다. 아쉬움이 남았던 것인지, 독재자가 된 히틀러는 다른 나라의 여러 미술품을 빼앗아 소장하며 자신의 욕망을 채웠습니다. 클림트의 작품도 예외는 아니었습니다.

사연은 이렇습니다. 당시 클림트는 그의 후원자였던 아델레에게 초상화를 그려 선물했습니다. 아델레는 오스트리아 사업가의 아내였습니다. 이 부부는 유태인이었는데 예술을 사랑해서 클림트, 작곡가 아널드 쇤베르크 등 많은 예술가를 초대해 예술을 논하고 주기적으로 음악회를 열었습니다. 그러던 중 아델레는 44세에 병으로 세상을 떠나고 그녀의 남편이 이 그림을 소장하고 있었으나 제2차세계대전 중에 나치에게 재산과 그림을 몰수당했습니다. 아델레의 초상화는 훗날 오스트리아 정부의 소유가 되어 버립니다. 전쟁 중에 미국으로 탈출했던 그녀의 조카는 오랜 법정 투쟁 끝에 2006년, 아델레의 초상화를 포함한 클림트의 작품을 돌려받았습니다.

욕망은
항상 커지기만 할까?

소비의 양상은 시대가 흐르면서 달라져 왔습니다. 과거에는 배를 채우고 물리적 욕구를 충족하는 것에 소비의 초점이 맞춰져 있었습니다. 굶주림을 채우는 일이 최우선이었던 것입니다. 그러나 현대로

구스타프 클림트, 아델레 블로흐 바우어의 초상화, 1907년 / 클림트가 '황금 시기'에 그린 대표작 중 하나다. 이 작품은 2006년 로널드 로더에게 1억 3,500만 달러에 팔려 한때 세상에서 가장 비싼 그림이 되기도 했다.

오면서 소비의 의미가 점점 달라졌습니다. 소비는 단순히 개인의 욕구를 충족하는 것을 넘어서 자신을 표현하는 수단으로 이해되기 시작했습니다. 아름다운 것을 소유하고 싶은 감정은 소비의 커다란 동기가 되었습니다. 생존을 위한 활동을 넘어서 자신을 표현하는 방식, 일상의 즐거움을 찾기 위한 도구로 바뀐 것입니다.

목적이 배를 채우는 것이든, 아름다움을 추구하는 것이든 모든 소비에는 한 가지 공통점이 있습니다. 바로 소비하는 사람의 만족감입니다. 개인이 무언가를 소비할 때의 만족감을 경제에서는 '효용'이라고 부릅니다. 이 효용은 주관적인 마음입니다. 옷장에 입을 옷이 없어 고민하다가 인터넷으로 마음에 드는 카디건을 하나 샀다고 합시다. 배송이 와서 입어 보니 사이즈도 잘 맞고 색깔이나 소재도 마음에 딱 듭니다. 이렇게 어떤 물건이나 서비스를 구매했을 때 쓸모 있었다면 효용이 높다고 말합니다.

'한계 효용'은 재화나 서비스를 한 단위 더 소비할 때 추가되는 만족감을 말합니다. 어떤 재화의 소비량이 한 단위 증가함에 따라 총효용이 늘어나는 정도라고 할 수 있습니다. 쉽게 보면 어떤 물건을 살 때마다 물건 1개당 느끼는 만족도를 뜻합니다. 한계 효용에 대한 예시는 일상에서 소비할 때 우리의 행동에서 쉽게 찾아볼 수 있습니다.

한계 효용 이론은 독일의 경제학자인 헤르만 하인리히 고센이 제시했습니다. 고센은 소비자가 재화를 소비할 때마다 느끼는 만족감이 어떻게 변하는지를 두 가지 법칙으로 설명했습니다. 한계 효용 체감의 법칙과 한계 효용 균등의 법칙입니다.

첫 번째 '한계 효용 체감의 법칙'은 어떤 재화의 소비량이 늘어날수록 그 재화로부터 얻는 만족감이 점차 줄어드는 현상을 말합니다. 예를 들어 너무 목이 말라서 근처 편의점에서 캔 음료를 여러 개 구매했다고 합시다. 첫 번째 캔을 마실 때는 갈증이 해소되며 아주 시원하겠지만 연달아 마시면 점점 만족감이 줄어들 것입니다. 3개째 마실 때와 4개째 마실 때의 만족감도 각각 다를 것입니다. 3개까지는 만족감이 크게 오르지만, 4개째부터는 배가 부르고 5개째부터는 오히려 괴로워질 수도 있지요. 한계 효용이 점차 감소하다가 끝에는 마이너스가 되는 것입니다.

두 번째 '한계 효용 균등의 법칙'은 두 가지 이상의 물건을 살 때, 각각의 물건을 추가할 때 얻는 만족감이 동일하다면 총효용이 최대화된다는 이론입니다. 누구나 한정된 돈으로 소비하며 살아갑니다. 그 과정에서 최대의 만족감을 얻고자 한다면 구매하는 재화에 대한 각각의 한계 효용이 같게 하면 된다는 말입니다. 예를 들어 마트에서 과자를 살 때와 양파를 살 때의 만족감이 다를 것입니다. 만약 과자를 소비할 때 단위당 추가되는 효용, 즉 한계 효용이 양파보다 크다고 합시다. 그렇다면 우리는 한계 효용이 큰 과자만 사면 되는 걸까요? 아닙니다. 한계 효용 체감의 법칙에 따라 과자의 한계 효용은 점차 낮아지기 때문에 과자만 산다고 해서 총효용이 최대화되지는 않습니다. 고센의 계산에 따르자면 오히려 한정된 예산 안에서 1원을 씀으로써 과자와 양파에게서 얻는 한계 효용이 같아질 때 총효용이 최대화됩니다.

이때 고센의 법칙이 적용되기 위한 조건이 있습니다. '희소성이 있는 재화는 반드시 경제적 가치를 가진다'는 조건입니다. 앞서 우리는 가지고 싶어 하는 사람이 많으면 그 재화는 희소성이 있는 것이라고 알아보았지요. 옷 가게를 지날 때마다 사고 싶었던 옷이 그사이 팔리지는 않았는지 전전긍긍하고, 홈 쇼핑에서 매진 임박이라는 문구가 뜨면 다 팔릴까 봐 초초했던 경험이 있을 것입니다. 이처럼 희소성은 곧 재화에 경제적 가치가 있다는 점을 말합니다.

경제학자들은 인간이 합리적으로 행동한다고 가정합니다. 그리고 경제에서 합리적인 소비를 한다는 말은 자신의 이익을 극대화하는 선택을 한다는 뜻입니다. 고센의 첫 번째 법칙과 두 번째 법칙은 어떻게 하면 효용을 극대화할 수 있는지를 말하고 있습니다.

결국 우리의 인생은 한정된 예산 안에서 최대한 많은 효용을 얻기 위해 노력하는 일의 연속이라고 할 수 있겠습니다. 그런데 효용이라는 것은 주관적인 마음이고 개인에 따라 달라집니다. 그렇다면 나의 효용을 최대한으로 높이는 방법을 어떻게 알 수 있을까요?

클림트의 작품 속 섬세한 문양과 화려한 금빛은 많은 것을 상징합니다. 화가 자신의 욕망이 투영된 것이기도 하고, 그림 모델이 되었던 여성들이 갈망하는 것을 풀어낸 것이기도 합니다. 그래서 욕망을 노골적으로 표현한 그의 작품은 한때 퇴폐적인 그림이라 낙인이 찍히기도 했지만, 사람들의 심미적 욕구를 충족시키면서 많은 효용감을 안겨 주었습니다. 그리고 그의 작품은 여전히 전 세계인에게 사랑을 받고 있습니다.

어쩌면 자신이 진짜 원하는 것이 무엇인지는 다른 사람의 말보다 나의 내면의 말을 먼저 들어야 하는 문제일 수도 있겠습니다. 내가 진짜 무엇을 원하는지 파악하는 것이 경제학적으로 현명한 삶의 자세가 될 수도 있다는 뜻입니다.

렘브란트, 채워도 채워도
끝이 없는 욕망의 결과

우리나라는 과거 보릿고개 시절을 보냈습니다. 보릿고개는 작년 가을에 수확한 곡식이 바닥나고 햇보리는 아직 나오지 않은 5~6월을 가리킵니다. 즉, 식량 사정이 가장 어려울 때를 비유적으로 이르는 말입니다. 1950년대까지만 하더라도 우리나라 농촌에서 연례행사처럼 찾아들던 시기였지요.

보릿고개로 굶주리는 일이 일상이었던 시절에는 기본적인 의식주를 채우는 것이 소비의 주요 목표였습니다. 하지만 이제는 보릿고개라는 말이 어색합니다. 우리나라는 빠른 경제 성장과 그에 따른 여러 변화를 겪으며 경제적으로 많이 안정되었기 때문입니다. 국민한 사람이 1년 동안 벌어들인 소득이 1984년에는 2,275달러였지만 2006년에는 1만 8,372달러로 8.1배나 늘어났지요. 그러면서 자연스럽게 소비라는 행위에 다양한 욕망을 더하기 시작했습니다. 현대에 와서는 과거보다 훨씬 자유롭게 소비하게 되었습니다.

여기에는 소득을 얻을 수 있는 직업이 다양해지고, 개인의 경제력이 급속도로 상승한 덕이 큽니다. 또한 TV 같은 매스 미디어의 발전과 대기업, 백화점 같은 대자본의 활동으로 마케팅이 조직적으로 전개된 점도 주요 요인입니다. 이렇게 대중의 소비 양식이나 소비에 대한 관심이 크게 변하는 일을 '소비 혁명'이 일어났다고 표현하기도 합니다.

이제는 의식주와 관련된 재화 말고도 다양한 재화를 더 쉽게 살 수 있는 환경이 마련되었습니다. 이를 위한 기업의 마케팅까지 조직적으로 전개되고 있습니다. 이런 환경에서는 꼭 필요한 것만 사지 않고 감정에 좌우되는 소비로 이어지기 쉽습니다. 집, 차, 명품 같은 고가 제품은 가격이 올라도 수요가 크게 떨어지지 않습니다. 유행이 점점 대규모가 되고 조직적으로 변해 갑니다. 할부 구매가 일상적으로 변하고, 계획 없이 소비하다 무리한 빚을 지는 이들도 생겨납니다.

인간의 욕망은 끝이 없고, 사회 분위기는 소비를 부추깁니다. 이런 환경 속에서 우리는 어떻게 현명하게 소비할 수 있을까요? 이 장에서는 한 예술가의 소비 방식을 살펴보면서, 한 사람의 라이프 스타일뿐만 아니라 돈을 대하는 자세를 읽어 보도록 합시다.

세기의 거장이
파산을 하기까지

세기의 거장이라고 부르는 예술가가 지나친 소비로 파산하고 결국 처참한 말년을 살게 되었다고 하면, 믿어지시나요? 바로크를 대표하는 거장 하르먼스 판레인 렘브란트 이야기를 해보려고 합니다. 네덜란드의 예술가였던 렘브란트는 시대를 풍미했다고 할 수 있을 만큼 잘나가는 화가였습니다. 다양한 계급의 인물화, 동물화, 종교화 등을 구분 없이 그렸고 후기에는 주로 부유한 평민 계급을 위해 작품을 제작했습니다. 궁정에서 높은 보수의 작업을 맡기기도 했으며, 암스테르담에서 유명한 외과 의사의 의뢰를 받아 수술실 장면을 그리기도 했습니다. 그러면서 차츰 부유한 귀족들을 위한 초상화 시장을 독점해 갔습니다. 또한 공방을 운영하며 제자들을 양성해 인기 있는 스승이 되었고, 재산은 날로 불어났습니다. 하지만 유대인 거주 지역에 있는 호화로운 저택을 사게 되면서 그의 불행이 시작되었습니다.

1639년, 렘브란트는 암스테르담의 신흥 부호들이 모여 사는 지역의 고급 주택을 구입했습니다. 지상 3층에 지하 1층으로 구성된 저택이었습니다. 매매가는 네덜란드 돈으로 1만 3,000길더, 우리나라

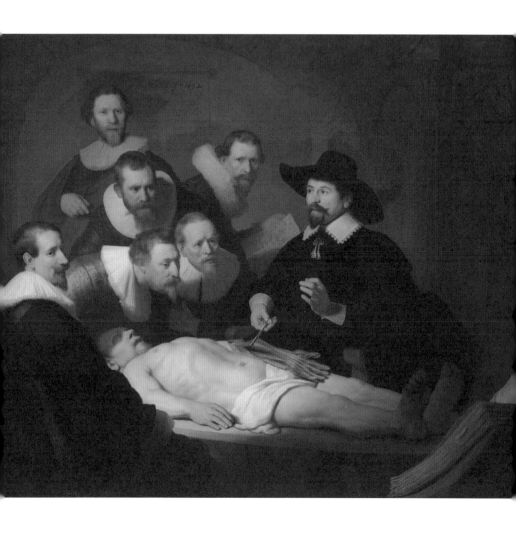

하르먼스 판레인 렘브란트, 니콜라스 튈프 박사의 해부학 강의, 1632년 / 렘브란트가 암스테르담에서 입지를 굳히게 해준 작품이다. 17세기의 수술실 안에서 벌어지는 움직임들이 세밀하게 묘사되어 흥미롭다. 렘브란트의 그림은 밝은 부분이 작은 공간을 차지하고, 그 주위와 배경에 어두운 부분이 넓게 배치되어, 마치 어둠 속에서 조명을 받는 것처럼 밝은 부분에 시선을 집중시키는 것이 특징이다.

돈으로는 13억 원 이상으로 추정됩니다. 당시 암스테르담의 평균 주택가가 1,200길더였던 것으로 추정했을 때, 일반 주택보다 10배 이상 비싼 집이었지요.

그때 렘브란트의 나이는 33세였고 그는 자신의 성공을 과시하고 싶어 했습니다. 당시 그가 존경했던 루벤스도 비슷한 나이에 고급 주택을 샀는데 이 부분에도 영향을 받았을 거라 짐작됩니다. 그러나 수입이 늘고 부유해질수록 낭비벽은 심해져 갔고, 그는 방탕한 생활을 즐기게 되었습니다. 웬만한 소비로는 욕구가 충족되지 않았는지 세계 각지의 희귀한 골동품과 사치품도 마구 사들이기 시작했습니다.

결과는 참담했습니다. 지출은 곧 수입을 넘어섰고, 렘브란트는 1656년 파산하고 말았습니다. 대출을 무리하게 받아 샀던 집이 가장 큰 원인이었습니다. 집값의 절반이 훨씬 넘는 빚을 졌고 연 5퍼센트씩 이자를 내는 조건이었는데 그는 10년이 지나도 잔금을 갚지 못했습니다. 1653년 이후 강한 상환 압박에 시달리다가 급기야 개인 파산을 신청하고 맙니다. 한순간에 신용 불량자가 된 셈이지요. 50세가 된 해에 주택은 법원 경매에 넘겨졌고, 시세 대비 손해를 보고 팔수밖에 없었습니다. 매매 후 17년이 지났지만 집값이 오르지 않는 것도 큰 문제였습니다. 5퍼센트의 이자를 내기 때문에 적어도 매년 5퍼센트씩은 올라야 본전인데 본전은커녕 오히려 싸게 팔았으니 손

하르먼스 판레인 렘브란트, 34세의 자화상, 1640년

하르먼스 판레인 렘브란트, 제우크시스의 모습을 한 자화상, 1668년경 / 렘브란트는 자신의 자화상을 즐겨 그렸다. 그림에서 나타나는 그의 옷차림과 표정, 전체적인 분위기는 시기별로 흥미롭게 변해 간다. 청년 때 그린 자화상과 말년에 그린 자화상은 찬란함과 어두운 고뇌가 대비된다. 경제적으로 힘들어진 상황을 유추할 수 있다.

해가 컸지요. 집뿐만 아니라 그가 소유한 모든 것이 경매에 넘어갔고, 완전히 청산하지 못한 빚은 말년까지 이어졌습니다.

이후 렘브란트는 빈민가 임대 주택으로 이사를 가게 됩니다. 신용 불량자로 낙인찍혀 자신의 이름으로는 경제 활동도 할 수 없었습니다. 그림을 그리면 채무자들이 작품을 압수해 갔습니다. 그래서 1660년 가족 명의로 화랑을 내고 자신은 고용되는 방식으로 그림을 그렸습니다.

그의 생애 마지막 자화상을 보면 젊었을 때와 확실히 분위기가 다릅니다. 힘든 시간들이 얼굴에 고스란히 담겨 있지요. 젊을 때 그린 자화상은 자신감이 뿜어 나오고 옷매무새도 화려한 데 비해 말년의 자화상은 아주 소박해졌음을 알 수 있습니다.

｜ 더 많은 것을 원하는 인간의 욕망

렘브란트는 대체 왜 무리하게 호화 주택을 샀을까요? 과시하려는 마음 외에도 또 다른 이유가 있었습니다. 집을 사려던 당시 그의 수입이 넉넉했던 것은 사실입니다. 고가의 초상화 주문이 밀려 있었고, 대규모 작업도 예약되어 있었습니다. 게다가 그가 운영하는 공방에는 그림을 배우겠다는 사람들이 계속 모여들었기 때문에 연간 100길더나 되는 큰돈을 수강료로 받을 수 있었습니다. 100길더면 당시 노동자의 4개월 치 월급 정도라고 보면 됩니다. 재산이 4만 길더 이상이었으니 지금으로 치면 40억대의 자산가였던 셈이죠. 그러니 렘브란트는 마음만 먹으면 언제든 빚을 갚을 수 있다고 생각했을 것입니다. 그러나 주택 잔금 지불을 미루고 미뤄, 낭비벽과 함께 빚의 늪에 빠지고 말았습니다.

그는 점점 더 비싼 물품을 구매했지만 만족하지 못했습니다. 만약 렘브란트가 어느 지점에서 최상의 만족감을 얻을 수 있었다면 그 이상으로 소비하지 않거나 기존의 소비 수준을 유지했을 것입니다. 하지만 인간의 욕심은 끝이 없었고, 그는 이 사실을 너무 늦게 알아 버렸습니다. 언젠가는 만족할 수 있을 줄 알고 고가 제품을 구매했지만 그 끝은 파국이었습니다. 여기서 우리는 더 많이 소비한다고 해서 소비할 때의 만족감, 즉 효용이 끝없이 늘어날 수는 없다는 사실을 알 수 있습니다. 한계 효용 체감의 법칙이 주는 교훈입니다.

집은 월세에서 전세로, 전세에서 소형 평수의 자가, 그리고 대형 평수의 자가 순으로 자산 규모에 맞게 순차적으로 늘리는 것이 일반적입니다. 평범한 사람이라면 이 단계를 차근차근 밟아 나가지요. 그런데 렘브란트는 몇 단계를 훌쩍 뛰어넘어 버렸습니다. 현실의 상황은 점점 나빠졌지만 주관적 효용감을 채우지 못했기 때문입니다.

렘브란트처럼 효용감을 빠르게 채우기 위해 빚까지 지는 일은 오늘날에도 흔하게 일어납니다. 무리하게 투자하면서 부동산 가격에 거품이 생기고, 대출까지 받아서 위험도가 큰 주식을 사는 도박 같은 행위는 어느 시대나 도사리고 있습니다. 쉽게 큰돈을 벌고 싶은 것은 인간의 욕망이기 때문입니다. 현실과는 다른 너무나도 높은 곳에 기준을 맞췄던 사람들의 끝은 언제나 파산이었습니다. 그래서 한계 효용은 인간의 욕망과 가장 가까운 법칙이라 할 수 있습니다.

재미있는 미술 이야기
귀족들의
남다른 자기만족

15세기의 약혼식 풍경을 잘 보여 주는 것으로 자주 언급되는 그림이 하나 있다. 바로 〈아르놀피니 부부의 초상〉이라는 그림이다. 세밀한 묘사 덕분에 당시의 인테리어와 의복, 물품 등을 면밀히 관찰할 수 있다. 그림 속 예비 부부가 서 있는 공간은 많은 사실을 간접적으로 드러낸다. 당시 두꺼운 커튼으로 가리는 높은 침대는 부유함을 과시하는 수단이었고, 가정집에서 가장 중요한 방에 설치되었다. 그리고 부유층만 구입할 수 있던 스페인산 오렌지나 남성이 입고 있는 모피도 이들의 재정적 여유로움을 나타낸다. 화려한 샹들리에, 베네치아 거울, 그 옆에 걸린 고급 유리 묵주, 동방에서 만들어진 카펫 등 이들을 둘러싼 물건은 하나같이 진귀하고 고급스러운 사치품이다.

그림 속 인물은 15세기 플랑드르 지역에서 활동하던 이탈리아 출신의 상인 지오반니 아르놀피니와 그의 아내 지오반나 체나미로 추정된다. 남편은 이탈리아 루카 출신으로 그 지역의 특산품인 비단과 각종 지역 특산품을 사고팔며 부를 이룬 인물이다. 당시 플랑드르에는 그림 속 남성처럼 부를 이룬 상인이 많았다. 유럽 전역의 부가 집중되었던 만큼 소비 문화도 돋보였다. 가문이나 신분 같은 확실한 증표 없이 벼락출세한 상인 계층은 평민 계층과는 다른 소비 행태를 보이고 있었다. 구하기 힘든 수입품, 기왕이면 진귀한 고가품을 집 안에 두려고 하는 전형

얀 반 에이크, 아르놀피니 부부의 초상, 1434년

적인 귀족의 라이프 스타일이 보인다. 소위 '잘나가는 계층'으로서 스스로를 돋보이게 하려는 욕망이 강했을 것이다.

대표적인 과시적 소비 대상은 바로 미술품이었다. 당시에 역사적 예술가가 대거 배출된 이유는 이들의 과시적 소비 덕도 있다. 부유한 상인 계층이 추구하는 가치는 희소성이었다. 오직 자신만을 위해 주문 제작되는 미술품은 이들을 주인 공으로 만들고 최고의 가치를 주었기 때문이다.

오늘날에도 이런 과시적 소비가 널리 퍼져 있다. 무리하게 집과 차를 샀지만 정 작 경제적으로 힘들게 생활하는 하우스 푸어, 카 푸어라는 말이 있듯이 말이다. 이런 심리를 적극적으로 이용하는 기업들의 전략이 놀랍다. 한정판 제품을 출시 하고, 고객의 이니셜을 새겨 넣은 가방을 선보이며, 고급 주택에 값비싼 가구와 가전제품을 빌트인으로 설치해 현혹하는 마케팅 등이 그렇다. 다른 사람과 비슷 한 소비를 하기 싫어하는 허영심을 공략하는 것이다. '명품은 비쌀수록 더 잘 팔 린다'는 법칙까지 있을 정도다.

처음에는 필요해서 지갑을 열겠지만, 한계 효용은 계속해서 줄어들 수밖에 없 다. 결국 끝없이 더 큰 것을 원하게 되는 것은 과거부터 현재까지 변하지 않는 인 간의 욕망이기 때문이다.

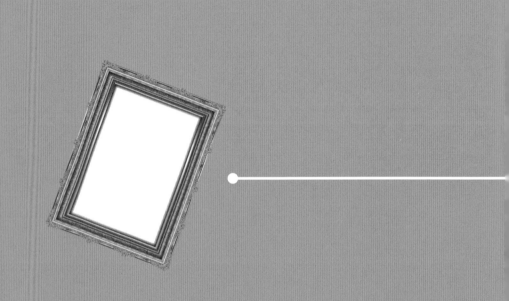

4장.

예술계에는
어떤 동고동락이
있을까?

보완재와 열등재란?

보완재는 보완 관계에 있는 두 가지 이상의 재화를 말한다. 이 둘은 함께 있을수록 시너지를 내는 악어와 악어새 같은 관계다. 이와 반대로 서로 대신할 수 있는 관계의 재화는 대체재라고 부른다.

열등재는 소득이 증가할 때 오히려 수요가 감소하는 재화를 말한다. 열등재가 아닌 재화는 정상재다. 예를 들어 어떤 사람이 소득이 늘어 기존의 낡은 에어컨을 버리고, 좀더 비싸지만 기능은 많은 무풍 에어컨을 샀다고 하자. 이때 무풍 에어컨은 정상재, 낡은 에어컨은 열등재가 된다.

물감의 발전에 숨겨진
보완재와 열등재

대개 식빵을 살 때 잼을 사고, 노트북을 살 때 마우스도 삽니다. 식탁을 사면서 의자를 사며, 수영장 티켓을 구매하며 수영복도 구매하지요. 어떤 관계는 선택이 아닌 필수입니다. 의자 없이 책상에 앉을 수 없고, 수영복 없이 수영장에 들어갈 수는 없으니까요. 이 장에서는 이렇게 서로 긴밀하게 엮인 재화들을 알아보겠습니다.

보완재와 대체재,
떼려야 뗄 수 없는 관계

식빵과 잼처럼 서로 보완 관계에 있는 재화를 보완재라고 합니다.

두 재화를 따로따로 소비할 때의 만족감보다 함께 소비할 때의 만족감이 커지는 것들입니다. 맨빵만 먹으면 목이 막히고, 잼만 먹으면 너무 달지만, 빵에 잼을 발라 먹으면 아주 맛있으니까요.

보완재의 특징은 서로의 수요에 영향을 미친다는 것입니다. '바늘 가는 데 실 간다'라는 속담도 있지요? 한 재화의 수요가 늘면 다른 재화의 수요도 덩달아 증가합니다. 커피 수요가 늘어나면 설탕 수요도 늘고, 자동차 수요가 늘면 휘발유 수요도 늘어나는 현상과 같습니다. 반면 한 재화의 가격이 오르면 다른 재화의 수요는 줄어듭니다. 커피 가격이 올라가면 사람들이 커피를 덜 마시면서 설탕도 덜 소비하게 되고, 자동차 가격이 오른다면 대중교통을 타면서 휘발유를 덜 쓰게 되겠지요. 보완재 관계에 있는 재화는 따로 소비할 때보다 함께 소비할 때 효용이 커지고, 서로의 소비에 영향을 끼칩니다.

반면 똑같은 효용을 얻을 수 있는 재화를 대체재라고 합니다. 무엇을 소비하든 얻는 만족도가 똑같다면 어느 것을 사든 상관없을 것입니다. 우유 대신 두유를 마실 수 있고, 콜라 대신 사이다를 마시고, 버터 대신 마가린을 쓰는 것과 같습니다. 이들 재화는 하나의 수요가 늘어나면 다른 것의 수요가 감소하는 관계입니다.

대체재는 보완재와는 다르게 하나의 가격이 오르면 다른 하나의 수요가 늘어납니다. 우유 가격이 오르면 그 대신 두유를 더 많이 마시고, 콜라 가격이 오르면 자연스럽게 그 옆에 있는 사이다를 집게 되니까요. 이런 관계를 그래프로 그리면 다음과 같습니다.

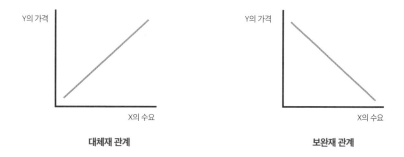

대체재 관계

보완재 관계

　왼쪽은 대체재의 그래프입니다. Y와 X라는 두 상품이 있는데 서로 대체재의 관계라면 Y의 가격이 올라 Y의 수요가 줄어들 경우 대체재인 X의 수요는 덩달아 늘어나게 됩니다. Y가 비싸지면 안 사면 그만이고, 비슷한 상품인 X로 갈아타는 것입니다. 즉, X의 수요와 Y의 가격은 정비례 관계가 됩니다.

　오른쪽은 보완재의 그래프입니다. Y의 가격이 비싸지면 Y의 수요도 그만큼 줄어들 것이고, 보완 관계에 있는 X의 수요도 같이 줄어들게 됩니다. Y와 X는 한배를 탄 운명의 공동체와 같습니다. 즉, X의 수요와 Y의 가격은 반비례 관계입니다.

열등재와 정상재, 무엇을 선택할까

　반면 열등재는 사람들의 소득과 관련이 큰 재화입니다. 누구나 소득이 올라갈수록 삶의 질도 올라가길 바랍니다. 따라서 건강, 시간 단축, 편리성 같은 것들이 더해진 제품에 관심을 갖게 되지요. 조금 비싸더라도 자신의 소득으로 살 수 있다면 기꺼이 일상생활에 추가합니다. 이런 소비품이 증가할수록 기존의 물건은 상대적으로 열등한 재화가 됩니다. 예를 들어 시중에 판매되는 것보다 두피 손상을 적게 일으키고 유기농 성분이 들어간 샴푸가 있다고 합시다. 이 샴푸가 고소득의 전문직이 모여 사는 어느 지역의 마트에서 주로 팔린다면, 기존의 평범한 샴푸는 그 지역에서 열등재가 됩니다.

어딜 가도 흔하게 발견되는 커피 전문점을 보아도 이런 관계를 찾을 수 있습니다. 카페에서 파는 커피가 인기를 얻으면서 기존에 많이 먹던 믹스커피의 인기가 떨어졌습니다. 가격은 훨씬 비싸더라도 생우유와 에스프레소가 섞인 진한 맛에 익숙해진 사람들은 어느 순간 프림으로 맛을 낸 믹스커피의 인위적인 맛을 매력적으로 느끼지 못합니다. 빠른 경제 성장과 높아진 삶의 질 뒤에는 열등재가 되어버린 제품들이 수두룩하게 남아 있습니다.

바쁘게 사는 직장인의 집에 세탁기 두 대가 놓여 있습니다. 하나는 건조기가 달린 일체형 드럼 세탁기, 또 하나는 구 모델의 통돌이 세탁기입니다. 여러분이라면 어떤 세탁기를 사용할 건가요? 어느 시대든지 시간 단축과 삶의 질 상승을 단번에 가져오는 재화는 반드시 선택받았습니다. 선택받지 못한 것들은 열등재로 전락하게 됩니다.

미술의 역사에서도 이렇게 한 제품이 열등재로 변한 예시를 찾을 수 있습니다. 바로 물감입니다. 명화를 유심히 보면 시대마다 물감이 변화를 거듭해 왔다는 것을 알 수 있습니다. 기술이 발달해 감에 따라 그림 재료는 천연 재료에서 화학 재료로 바뀌어 왔습니다.

그중 템페라Tempera라는 물감은 유화 물감이 없던 시절 화가들의 필수품이었습니다. 템페라는 '혼합하다'라는 뜻의 라틴어 템페라레 Temperare에서 유래되었습니다. 재미있게도 템페라에서는 달걀이 중요한 역할을 했습니다. 튜브 물감이 발명되기 전, 화가들은 자연에서 색을 뽑아내야 했습니다. 광물, 동식물의 껍질 등을 건조한 후에 맷돌로 곱게 갈아 만든 색채 가루를 안료라고 합니다. 그런데 이 안료는 물이나 기름에는 잘 녹지 않았습니다. 그래서 안료를 부드럽게 녹이기 위해 벌꿀이나 무화과나무의 수지, 아라비아고무, 달걀 등이 필요했습니다. 그중 가장 보편적으로 사용된 것이 달걀이었습니다. 중세 화가들은 달걀노른자와 안료를 섞어 물감으로 만들어 썼습니다. 그림에 맑은 느낌을 주고 싶을 때는 달걀흰자를 조금 섞기도 했습니다. 이렇게 만든 물감이 템페라입니다.

템페라는 빨리 마르는 특성이 있고, 나무판 위에 직접 그림을 그릴 수 있었습니다. 그래서 미켈란젤로나 라파엘로 등 르네상스 초기 화가들도 템페라 기법을 즐겨 사용했습니다. 12세기에서 13세기 초에 등장한 템페라는 벽화를 제외한 모든 회화에 사용될 정도로 중요한

산드로 보티첼리, 비너스의 탄생, 1485년경 / 15세기 르네상스 시대 화가인 산드로 보티첼리가 비너스 여신이 탄생하고 있는 순간을 그린 작품이다. 템페라로 그린 작품 중 가장 유명하기도 하다.

자리를 차지했습니다.

그런데 빨리 굳는 특성은 단점이 되기도 했습니다. 그만큼 유연성이 없기 때문입니다. 금세 물감이 딱딱해졌고 붓을 자유롭게 움직일 수 없어서 정교한 묘사를 하기에 어려웠습니다. 명암과 톤의 미묘한 변화 등 자연스러운 효과를 내기 힘들었고 습도에도 약해 내구성이 좋지 않았습니다.

이런 문제점을 해결하기 위해서 많은 화가가 템페라의 보완재를 찾아 헤맸습니다. 마침내 찾아낸 보완재는 기름이었습니다. 안료에 다양한 기름을 섞어 보존성과 내구성을 높인 것입니다. 그 과정이 쉽지는 않았고 화가들은 다양한 시행착오를 겪었습니다. 그러던 중 15세기 얀 반 에이크라는 화가가 물감에 유연성을 주고 화면에 광택을 주기 위해 서로 다른 종류의 오일을 혼합하면서 적극적인 실험을 했습니다. 이것이 개선점의 시작이 되어 지금의 유화 물감이 만들어질 수 있었습니다. 소나무에서 추출한 액상의 테레빈유turpentine oil를 린시드유linseed oil와 섞어 쓰면 안료를 다루기 더 쉽고, 건조되는 속도를 조절할 수 있다는 사실을 알게 된 것입니다. 이렇게 만든 유화 물감은 다른 수용성 물감에 비해 깊고 은은한 광택을 갖고 있었습니다.

유화의 기름은 증발되어 마르는 것이 아니라 산화에 의해 천천히 굳어 갑니다. 따라서 안료와 기름이 섞인 유화 물감은 캔버스에 칠해지면서 공기와 만나 매우 견고한 도막paint film을 형성합니다. 이처럼 유화 물감은 공기와 접촉하면 굳어져서 못 쓰게 되기 때문에 수채화 물감과는 달리 잘 밀봉해서 보관해야 합니다.

몇 세기 전의 작품이 현재까지 잘 보존되어 있는 것을 볼 때, 유화는 오랜 세월 동안 견딜 수 있는 특징을 갖고 있는 유일한 물감입니다. 유성은 수성에 비해 수분, 외부의 습기, 자외선, 외부 압력에 의한 갈라짐, 변색 등이 적습니다. 유화는 대개 튼튼하게 짜인 두툼한 천 위에 그린다는 점도 오래가는 데 한몫합니다. 또 기름을 많이 섞지 않으면 점도가 높아져서 울퉁불퉁한 붓 터치를 만들 수도 있습니다. 고흐의 두툼한 질감 표현은 유화 물감의 발전이 없었더라면 존재하기 힘들었을지도 모르지요.

이처럼 우수한 특징으로 르네상스 화가들은 유행처럼 유화를 사용하기 시작했고, 18세기에는 전문 도료 상인들이 가죽 주머니에 담은 유화 물감을 판매하기 시작했습니다. 19세기에 이르러서는 유화 물감을 금속 튜브에 담는 보관법이 개발되었습니다. 그 덕에 더욱 편리한 방식으로 물감을 대량 생산할 수 있게 되었습니다.

결과적으로 한때 많은 이의 사랑을 받았던 템페라는 15세기에 등장한 유화에 밀려 점차 사라졌습니다. 열등재가 되어 무대 뒤편으로 내려간 것입니다.

자신의 한계를 극복하려는
예술의 노력들

카메라가 없던 시절, 그림은 유일한 존재였습니다. 당시 그림의 주된 역할은 귀족들의 모습을 남기는 것이었지요. 초상화를 가진다는 것은 자신의 모습을 자세하게 기록해 남긴다는 뜻과 같았습니다. 그림이 없다면 과거에 자신이 존재했다는 기억은 금방 사라질 것이었습니다. 죽어도 영원하길 바라는 바람으로 귀족들은 1시간이고 2시간이고 화가 앞에서 멋진 옷을 입고 포즈를 취했고, 섭외된 화가는 그 모습을 열심히 그렸습니다.

포즈를 취하는 모델의 컨디션에 따라서 초상화의 작업 시간과 전체 일정도 달라졌습니다. 오랜 시간 같은 자세로 서 있거나 앉아 있

요하네스 페르메이르, 회화의 기술, 1666년 / 미술품을 의뢰한 이의 부인이 창가에서 포즈를 취하고 있다. 그림 속 화가는 그녀의 요구에 따라 열심히 초상화를 그려 주고 있다. 사실적으로 묘사하고 빛을 섬세하게 표현하는 것은 당시 화가의 가장 중요한 능력이었다.

는 일이 쉽지 않다 보니 하루에 두세 시간씩 나눠서 작업하거나 며칠에 걸쳐서 완성하는 식이었습니다. 초상화 작업은 대부분 귀족들의 요청으로 시작되기 때문에 화가는 의뢰자가 있는 곳으로 방문해서 그들이 원하는 장소를 배경으로 그림을 그리곤 했습니다. 어찌 되었든 당시 그림의 가치는 인물과 사물을 살아 있는 것처럼 묘사하는 일에 달려 있었고, 이는 곧 화가의 실력과 명성으로 이어지는 일이었지요.

당시 화가들은 일반 귀족을 그리거나 궁에 들어가 왕실 화가로 활동했습니다. 최고의 출세는 왕실에 들어가는 것이었습니다. 더 높은 보수와 인맥, 직업의 안정 등이 확보되었기 때문입니다.

카메라의 등장과 그림의 몰락

그러던 중 카메라가 세상에 태어나게 됩니다. 최초의 사진술을 발명한 루이 다게르라는 사람은 의외로 과학자가 아니며 화가였다고 합니다. 다게르는 약 10년 동안의 실험을 바탕으로 1839년에 은판 사진술 혹은 다게레오타이프daguerreotype라 부르는 사진술을 완성했습니다. 빛에 반응하는 물질을 바른 감광판을 수은 증기에 쏘여 상이 눈에 보이도록 현상한 후 소금 용액을 이용해 요오드화은을 동판에서 제거하는 방법이었습니다. 1839년 8월 19일 프랑스의 과학아

장바티스트 사바티에 블로트, 루이 다게르의 모습, 1844년 사진

카데미와 미술아카데미는 합동 회의를 개최하여 다게르의 사진술을 공개했고, 그날은 공식적인 '사진의 탄생일'이 되었습니다.

카메라가 등장한 이후로 많은 이가 사진을 찾기 시작했습니다. 오랜 시간 힘들게 포즈를 취하지 않아도 기록을 남길 수 있기 때문입니다. 인물의 모습을 사진으로 남기는 것이 유행했습니다. 그러면서 화가들은 그림의 가치가 떨어지고 일자리를 잃을지도 모른다는 두려움에 휩싸이게 되었습니다. 이제 사실적인 초상화는 카메라가 알아서 척척 만들어 줄 뿐만 아니라 작업 속도도 획기적으로 빨라졌으니 말입니다.

위기감을 느낀 미술계는 새로운 방향을 모색해야만 했습니다. 위기가 기회라는 말이 있듯이 실제로 이 위기를 계기로 미술은 한층 발전하게 됩니다. 카메라가 할 수 없는 것이 무엇일까를 고민하게 된 것입니다. 사진기가 없던 시절에는 현실을 재현할 수 있는 유일한 방법이 그림이었습니다. 하지만 사진기가 생기고 나서부터는 현실을 그대로 옮기기만 하는 미술품은 더 이상 특별하지 않았습니다. 이제는 미술 자체로 가치가 있어야 했습니다.

화가들은 카메라 렌즈를 통해 보이는 단순한 피사체의 모습이 아닌 인간의 감정과 느낌으로 풍경과 사물을 바라보기 시작했습니다. 또한 똑같은 하늘 풍경이라도 아침, 점심, 저녁에 따라 바뀌듯이 빛과 시간에 따라 달라지는 색을 구체적으로 표현하기 시작했습니다.

빈센트 반 고흐, 자화상, 1889년

인간의 모습을 그릴 때도 화가의 주관적인 감정을 담기 시작했고 개별적인 미술 양식을 구축하기 시작했습니다. 사실성에 관한 한 미술은 사진을 따라갈 수 없다는 점이 명백했습니다. 그래서 화가들은 다른 방면으로 사진을 극복합니다. 이는 바로 인상주의의 시작이었습니다. 후기 인상주의에 속하는 고흐의 작품에는 얼굴에 녹색이 들어가기도 합니다. 사진으로는 표현할 수 없는 독특한 묘사지요.

예술은 외부 세상을 그대로 재현하는 역할에서 개인의 철학과 사물을 보는 시각을 표현하는 역할을 하게 되었습니다. 구매자도 자신의 취향이나 화가의 생각, 표현을 보고 작품을 구매하게 되었습니다. 예술품을 소유한다는 것 자체가 목적이 된 것입니다. 결국 카메라 기술의 발전은 피카소와 고흐의 작품처럼 창조적인 시각을 표현하는 새로운 장르를 탄생시키면서 예술의 가치를 높였습니다. 카메라의 탄생이 예술의 발전을 불러온 셈입니다.

자신만의 보완재를 찾아 나선 흑인 화가

하나의 존재가 다른 존재에게 영향을 끼치는 일은 예술가의 삶에서도 찾을 수 있습니다. 뉴욕 빈민촌의 할렘 가에 살던 흑인 청년 이야기를 하려 합니다. 그는 변변한 직업도 가진 재산도 없으며 흑인이라는 이유로 무시당하기 일쑤였습니다. 그는 예술가가 되기를 강렬히 열망했지만 현실은 참혹했습니다. 고등학교를 중퇴한 뒤 집을 뛰쳐나와 길거리에서 노숙하며 험난한 인생을 시작했고, 직접 그린 그림엽서와 티셔츠를 팔며 겨우 생계를 유지했습니다.

살인과 강도가 난무하던 할렘 가의 뒷골목이었지만 그에게 거리의 벽은 훌륭한 캔버스였습니다. 벽에 그림을 그리다가 순찰하던 경찰을 만나 도망치기도 하고 수갑이 채워진 채로 경찰서를 들락거리는 일이 일상이었습니다. 그에게 들려오는 이야기는 흑인은 화가가 되기 어렵다는 말, 빈민가의 흑인은 성공할 수 없다고 강조하는 말뿐이었습니다.

바로 독보적인 낙서화 스타일로 '현대판 검은 피카소'라고 부르는 장 미셸 바스키아의 이야기입니다. 그는 할렘 가에서 태어났고 흑인은 열등재처럼 취급받는 시대 분위기 속에서 활동했습니다. 이런 상황 속에서 어떻게 성공할 수 있었을까요?

1960년 미국에서 태어난 바스키아는 아이티 이민자였던 회계사 아버지와 푸에르토리코계 미국인이었던 어머니 사이에서 자랐습니다. 그러나 부모님의 불화가 심해졌고 8세 때 결국 부모님이 이혼하게 됩니다. 13세가 되었을 때는 어머니가 정신병을 얻게 되면서 가세가 더욱 기울었습니다. 지금보다 더 인종차별이 심했던 때라 흑인이라는 사실은 예술가 반열에 오르기에는 최악의 조건으로 인식되었습니다. 게다가 그를 후원해 주거나 경제적으로 뒷받침해 줄 만한 사람도 전혀 없었습니다. 그렇지만 그는 시티애즈스쿨City As School이라는 아카데미를 다니면서 만나게 된 친구와 뉴욕 곳곳의 벽에 그라피티(낙서화)를 그려 나갔습니다. 할렘 가 벽에 무수히 그림을 그리면서 기본기를 탄탄히 쌓았고 자유로운 드로잉 실력을 키워 나갔습니다. 이민자의 아들이자 흑인이었던 뉴욕의 아웃사이더에게 대도시에서 예술가가 된다는 건 하늘의 별 따기였지만 말이죠.

그러던 어느 날 바스키아의 눈에 한 인물이 들어옵니다. 바로 당시 떠오르는 예술가였던 앤디 워홀이었습니다. 1960년대 워홀은 독특한 스타일의 작품과 외모로 대중의 뜨거운 관심을 받으며 미국의 미술 시장을 장악해 가고 있었습니다. 성공을 갈망한 바스키아는 워홀과 가까워지기로 결심합니다.

바스키아는 있는 돈, 없는 돈을 모두 털어 워홀이 사는 집의 위층으로 이사를 합니다. 경제적 부담이 컸음에도 스타급 예술가 사는 집으로 이사를 간 것은, 자연스럽게 만날 기회를 만들기 위해서였습니다. 그에게 자신의 작품을 보여 주고 대화도 나눌 수 있는 기회가 생길 수 있도록요. 실제 바스키아가 워홀을 만났을 때는 오히려 초연한 태도로 일관했다고 합니다. 유명인과 친해지기 위해 꿀 바른 소리부터 하는 사람들과는 달리 워홀의 작품을 마냥 극찬하지 않았으며 비평도 했습니다. 워홀에게 바스키아와의 대화는 당연히 색달랐을 것입니다. 이윽고 이들은 예술에 대해 토론하고 공감대를 형성

앤디 워홀, 장 미셸 바스키아, 브루노 비쇼프버거, 프란체스코 클레멘테가 함께 있는 모습, 1984년 11월 15일
사진 / 워홀과 바스키아의 특별한 관계는 영화로도 제작되었다. 화가이자 영화감독인 줄리안 슈나벨의 영화 <바스키아>는 많은 사랑을 받았다.

하는 가까운 사이로 발전했습니다.

위홀은 바스키아를 전폭적으로 지원했습니다. 각종 매스컴에 바스키아를 등장시키고 전시회를 지원하는 등 지지를 아끼지 않았습니다. 할렘 가에서 인생의 바닥을 살았던 청년에게 기적이 일어난 순간이었습니다.

바스키아는 흑인에 대한 편견과 차별이 장애물이 되는 현실을 자각했고, 이를 극복할 수 있는 방법을 찾아 나섰습니다. 위홀과 바스키아는 보완재 관계라고 표현할 수도 있습니다. 위홀은 바스키아가 예술 활동을 할 수 있도록 기꺼이 안정적인 환경을 제공하고, 경제적으로 지원하고, 홍보에 도움을 주었습니다. 바스키아 역시 떠오르는 슈퍼 루키가 되어 위홀의 명성을 더했습니다. 이 둘의 관계는 워낙 유명해서 영화로 제작이 될 정도였습니다. 서로가 서로에게 뮤즈가 되어 주는 이들의 훈훈한 관계는 예술계의 대표적 보완재 관계입니다.

재미있는 미술 이야기

템페라를 사용한
거장의 작품들

에드바르 뭉크, 절규, 1893년

에드바르 뭉크는 〈절규〉를 다양한 재료를 사용해서 여러 버전으로 그렸다. 그
중에는 템페라를 사용한 버전도 있다. 이 작품은 현재 노르웨이 오슬로의 뭉크 미

술관에 소장되어 있다. 뭉크 외에도 자신만의 고유한 색깔을 추구하는 여러 화가들이 템페라 기법을 통해 독특한 색깔을 만들었다. 투명한 색상의 붓질을 여러 번 겹쳐 층층이 쌓아 올리면 붓 자국이 그대로 비친다. 조금 두껍고 답답한 느낌이 드는 유화보다는 가볍고 산뜻한 느낌을 살릴 수 있다.

레오나르도 다빈치, 최후의 만찬, 1495-1498년경

〈최후의 만찬〉도 템페라와 유화를 반반 섞어 그린 작품이다. 루도비코 공작은 산타마리아 델레 그라치에 수도원을 건설하면서, 다빈치에게 건물 내 식당의 벽화를 의뢰한다. 그런데 다빈치는 벽화에 주로 사용하던 프레스코 기법 대신, 마른 벽에 흰색 돌가루를 바른 후, 템페라와 유화를 섞어 그렸다. 템페라는 습한 곳에서 내구성이 떨어지므로 식당이라는 공간에 어울리지 않는 기법이다. 그래서 벽화가 완성되고 20년이 지나지 않아 그림이 떨어져 나가기 시작했다. 재료 선택 실수로 〈최후의 만찬〉은 수십 년간 복원 시도가 이루어졌다.

빈센트 반 고흐, 별이 빛나는 밤, 1889년

텐페라와 달리 유화는 불투명함과 투명함의 사이를 기름을 조절해 자유롭게 오갈 수 있다. 따라서 과감한 붓 터치가 가능하다. 고흐는 유화 물감의 특징을 제대로 활용한 화가다. 고흐의 그림은 자유롭게 덩어리지면서 입체감을 더해 황홀한 인상을 준다.

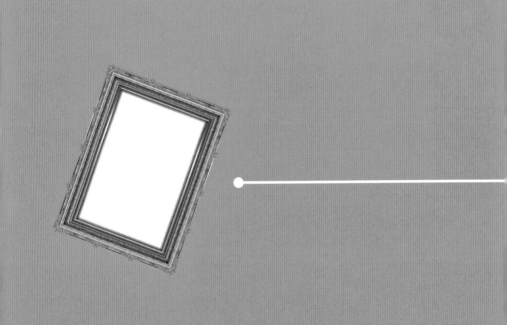

5장.

예술도
독점을 할 수
있을까?

독과점이란?

독과점은 독점과 과점을 합친 말이다. 독점은 경쟁자 없이 한 회사가 시장을 지배하는 경우다. 과점은 둘 이상의 소수 기업이 특정 시장을 차지하고 있는 경우다. 서로 경쟁하기는 하지만 소수이기 때문에 일반적으로 이들이 전체 시장 점유율의 75퍼센트를 차지한다면 과점이라 한다. 소수의 기업이 시장을 지배하는 독과점은 여러 문제를 불러일으킬 수 있다.

코코 샤넬이 여성복 시장을
독점할 수 있었던 이유

우리가 물건을 사고파는 시장은 크게 경쟁 시장과 비경쟁 시장으로 구분할 수 있습니다. 경쟁 시장은 말 그대로 경쟁이 자유롭게 이루어지는 시장입니다. 물건을 파는 생산자가 시장에 들어오고 나가는 것이 자유롭고, 물건 가격은 수요와 공급에 따라 자연스럽게 결정됩니다. 경쟁 시장의 예를 들어 볼까요? 감자칩을 만드는 회사들은 더 맛있는 과자를 개발하기 위해 연구하고 매년 신상품을 출시합니다. 제품 광고에 연예인을 섭외해 소비자를 끌어들이기도 합니다. 맛이 좋고 광고도 많이 한다면 빠르게 팔리지만, 그렇지 않은 감자칩은 빛을 보지 못하고 매대 구석에 진열됩니다. 이런 시장은 경쟁력이 떨어지면 바로 소비자에게 외면받기 때문에 늘 새로운 것을 시도해야만 생존할 수 있습니다.

반면 비경쟁 시장은 시장에 들어오고 나가는 일이 자유롭지 못합니다. 특정 기업이 가격과 수량을 결정하기도 합니다. 예를 들어 한국전력 같은 공기업은 우리나라에 단 하나입니다. 한국전력이 국내의 모든 전기 공급을 담당하지요. 그래서 다른 회사와 가격 경쟁, 기술 경쟁을 할 필요가 없습니다. 이런 시장이 비경쟁 시장에 해당합니다.

지금까지는 수요와 공급의 법칙에 따라 가격이 정해지는 경쟁 시장에 대해서 알아보았습니다. 이 장에서는 그와 완전히 다른 법칙이 적용되는 비경쟁 시장에 대해 알아보도록 합시다.

▎경쟁하지 않는 시장의 종류

비경쟁 시장은 다시 과점과 독점 시장으로 나눌 수 있습니다. 우리나라의 통신사나 주유소를 떠올려 보세요. 아마 대부분 다섯 손가락으로 셀 수 있을 것입니다. 생각보다 브랜드가 다양하지 않다는 사실을 알 수 있지요. 이렇게 해당 분야에서 몇 안 되게 존재하는 기업을 과점 기업이라고 부릅니다.

과점은 둘 이상의 기업이 특정 상품을 생산하면서 서로 경쟁하긴

하지만, 소수이기 때문에 사실상 경쟁 관계가 아닌 경우를 말합니다. 특정 기업들이 전체 시장 점유율의 75퍼센트를 차지하는 경우가 과점입니다. 과점 기업은 가격 경쟁을 해서 생기는 이익보다 서로 시장 가격을 합의할 때 얻는 이익이 더 크기 때문에 경쟁을 하지 않으려는 경향이 있습니다. 이를 담합이라고 합니다.

전 세계 석유 수출국이 모인 석유 수출국 기구OPEC도 대표적인 과점입니다. 대개 국가는 하나의 기업처럼 저마다의 주력상품을 만들어 수출하고 경쟁력을 키웁니다. 교육이 발달한 국가는 유학생을 받고, 관광 국가는 관광 산업으로 외화를 벌어들이는 식입니다. 마찬가지로 천연자원인 석유가 나오는 국가들은 원유를 수출해 외화를 벌어들이는데, 이 자원이 몇몇 국가에 한정되어 있기 때문에 희소성이 매우 큽니다. 따라서 기름이 나오는 산유국들은 한정된 자원으로 많은 외화를 벌고 있습니다. 석유 수출국 기구는 산유국들이 이익을 최대화하기 위해 만든 모임입니다.

각각 A, B, C라는 산유국이 있다고 합시다. A국이 어느 날 원유 가격을 대폭 낮추면 원유를 수입하는 다른 나라들은 저렴한 A국과만 거래하려고 할 것입니다. 그렇다면 B국과 C국은 타격을 입지 않기 위해 덩달아 가격을 내려서 경쟁력을 회복할 것입니다. 결론적으로는 A국, B국, C국 모두 원유를 싸게 팔면서 전보다 손해를 보게 됩니다.

반대로 몇 안 되는 산유국끼리 협의해서 원유 가격을 일정하게 맞춰 나가면, 수요는 크게 줄지 않으면서 가격은 높게 받을 수 있습니다. 그래서 이라크, 이란, 사우디아라비아, 쿠웨이트, 베네수엘라를 포함한 14개 산유국은 석유 수출국 기구를 만들고 담합해 원유의 가격, 생산 수량, 거래 조건 등을 정하고 있습니다. 자연히 이들이 국제 사회에 끼치는 영향력도 강력합니다.

이렇게 과점을 형성한 시장은 다양한 기업이 비슷한 제품군을 놓고 무한대로 경쟁하는 시장보다 경쟁이 적습니다. 과점 시장을 차지하고 있는 기업들은 제품 가격을 굳이 내릴 필요가 없습니다. 값을 낮추지 않아도 사람들이 그 기업의 물건을 사야 하기 때문입니다. 따라서 일반적으로 비경쟁 시장의 제품은 경쟁 시장의 제품보다 가격이 높은 편입니다.

또 다른 비경쟁 시장으로 독점 시장이 있습니다. 독점은 '혼자서 다 차지한다'라는 뜻으로, 독점 시장에서는 기업 하나가 해당 시장을 지배하고 이익을 독차지합니다. 독점 기업은 시장에 상품을 얼마나 공급할 것인지, 가격은 얼마로 할 것인지를 마음대로 결정할 수 있습니다. 판매 상품을 적게 공급해 가격을 높이거나, 상품을 많이 공급해 가격을 낮출 수도 있습니다.

독점 기업이 이렇게 커다란 영향력을 끼칠 수 있는 이유는 무엇일까요? 시장의 진입 장벽이 높아 다른 경쟁자가 마음대로 끼어들 수 없기 때문입니다. 이런 상황은 몇 가지로 나눌 수 있습니다. 우선 특정 상품을 생산하는 기술이나 원자재를 한 기업에서 독차지하고 있는 경우입니다. 마이크로소프트ＭＳ가 전 세계에 윈도우 운영 체제를 독점으로 공급하고 있는 것이 대표적인 예입니다.

정부가 의도적으로 단 하나의 기업만 제품을 생산하도록 허용하기도 합니다. 대표적으로 수도, 전기, 인터넷 통신망 등의 사업은 정부에서 독점을 허용합니다. 해당 사업은 공공성이 클 뿐만 아니라 초기 투자 자본도 천문학적으로 들어가며, 생산 규모가 일정 수준 이상일 때에만 생산비를 절감하고 수익을 올릴 수 있기 때문입니다.

한국도로공사, 한국수자원공사, 한국조폐공사와 같이 공공의 목적을 달성하기 위해서 만든 공기업이 여기에 해당합니다. 지금은 포스코로 이름이 바뀐 포항제철도 정부가 인정한 독점 공기업이었습니다. 1968년 제2차 경제 개발 5개년 계획을 준비하던 우리나라 정부는 기초 산업으로 철강 산업이 필요하다는 것을 인식하게 되었습니다. 그래서 국가의 발전을 위해 포항제철이 설립되었습니다. 지금은 이름이 바뀌고 민영화되면서 더 이상 공기업은 아니지만, 정부가 독점의 순기능을 이용해 국가를 발전시킨 예라고 할 수 비슷한 예입니다. 석탄 산업의 쇠퇴로 힘들어진 산골 마을의 지역 경제를 살리기 위해서 강원도와 정부가 같이 개발한 강원랜드도 비슷한 예입니다. 강원랜드는 정부에서 유일하게 내국인 출입이 가능하도록 허락한

카지노로, 관광지로 인기가 많아 지역 발전에 도움을 주고 주민들의 소득을 향상시키고 있습니다.

누구나 진입할 수 있는 자유 경쟁 시장에서는 생산자들이 너도나도 가격 경쟁을 하게 됩니다. 소위 말하는 가성비(가격 대비 성능)가 좋아지는 것은 결국 소비자에게 유리한 방향이라고 할 수 있습니다. 그렇지만 자유 경쟁이 항상 좋은 것은 아닙니다. 생산자가 자신에게 이득이 되는 재화만 생산하다 보니 공공의 이익을 놓칠 수도 있기 때문입니다. 건설사가 수익 창출이 쉬운 아파트만 건설하다 보면 시민을 위한 도심 공원과 생태 공원은 짓지 않게 되듯이 말입니다. 그래서 독과점 사업은 국가의 경제 상황, 국내 생산자와 소비자의 관계에 따라 정부가 적절하게 개입하고 조율해야 합니다.

명품 시장을 독차지한 샤넬의 전략

독과점은 진입 장벽이 높은 분야에서 생기기 쉽습니다. 신약 개발이나 반도체, 고가의 의료 장비처럼 초기 자본이 많이 들어가는 업종에서는 일부 기업만 사업을 시작할 수 있습니다. 예를 들어 신약을 개발하려면 보통 10년 이상의 개발 기간과 막대한 연구 비용이 필요합니다. 성공할지 실패할지 알 수 없는 연구에 이렇게 엄청난 투자를 할 수 있는 회사는 몇 되지 않겠지요.

또는 특정 기업의 브랜드 가치가 높아 해당 시장을 삼키는 경우도 있습니다. 이런 독보적인 지위를 가진 회사들에는 그 기업만의 무기가 있습니다. 남들이 따라오지 못하는 차별성, 역사, 철학 등이 제품에 담겨 있고 대중에게 그 가치를 인정받아 자본으로 바뀌는 것입니다. 이런 기업들은 의도적으로 독과점을 형성하려 하지 않아도 새로운 시장을 개척하면서 일시적으로 독과점 상태에 머뭅니다.

명품 하면 쉽게 떠오르는 샤넬이라는 기업도 그렇습니다. 샤넬은 명품 아웃렛이나 인터넷 쇼핑몰에 입점하지 않은 유일한 명품 브랜드입니다. 우리나라에서 특별한 홍보 마케팅을 하지 않고 가격을 할인하는 일도 없지만 명품 시장에서 독보적인 위치를 유지하고 있습니다. 명품 브랜드 중에서도 고가인 편이지만 여전히 인기가 높은 브랜드이지요. 샤넬은 2020년에만 주요 제품 가격을 두 번이나 올렸습니다. 샤넬에서 가장 유명한 클래식 미디엄 가방을 보면 2011년 550만 원이었던 것이 2020년에는 864만 원까지 가격이 뛰었습니다. 이렇게 가격이 오를 거라는 뉴스가 뜰 때마다 샤넬 매장은 가격 인상 전에 구입하려는 사람들로 붐빕니다. 매장 문이 열리자마자 달려가 물건을 사들인다고 해서 '오픈런', 가격 인상률이 웬만한 재테크 수익률보다 높다고 해서 샤넬과 재테크를 더한 '샤테크'라는 말이 생길 정도입니다.

고가 제품이 소비자에게 만족감을 주기 위해서 취하는 전략으로

샤넬의 No.5 향수, 2006년 11월 29일 사진 / 샤넬 No.5는 최초로 디자이너의 이름을 내세운 향수로, 1921
년 출시 즉시 독특한 향 조합과 현대적인 디자인으로 선풍적인 인기를 얻으면서 샤넬의 대표 아이콘이 되
었다. 영화배우 메릴린 먼로가 잠을 잘 때 이 향수만 뿌린다고 한 일화도 유명하다.

TV나 신문같이 누구나 볼 수 있는 대중매체에 광고하지 않는 방법이 있습니다. 브랜드 이미지가 차별화되고 특별하다는 느낌을 주기 때문이죠. 다소 높은 금액을 주고 제품을 사더라도 사는 순간부터 내가 산 제품의 희소성이 생기길 원하고 브랜드의 이미지도 독보적이길 바라기 때문입니다.

인기 있는 명품 기업 중 샤넬이라는 브랜드는 처음 탄생했을 때부터 특별했습니다. 남다른 철학으로 독점적 위치를 차지했기 때문입니다. 1913년도에 설립된 샤넬은 코코 샤넬(본명은 가브리엘 샤넬)이라는 한 여성에게서 시작했습니다. 샤넬이 살고 있던 19세기에는 여성의 경제 활동 참여도가 지금보다 확연히 낮았습니다. 여성의 직업도 한정적이었으며, 남들에게 보이는 아름다움이 여성이 가진 가치의 전부라 여겨지던 시기였지요.

이런 시대상은 여성의 의복에도 고스란히 담겼습니다. 화려한 레이스와 과한 장식이 달린 옷이 주를 이루었습니다. 바닥에 끌릴 듯한 긴 기장의 치마, 높은 힐, 폭이 넓고 볼륨감이 넘치는 장식은 무겁고 불편했습니다. 이런 옷차림으로 활동적인 사회 활동에 참여하기에는 무리가 있었지요.

샤넬은 보육원에서 자라던 시절에 익힌 바느질 솜씨로 1910년 모자 가게를 열었고, 이를 계기로 패션 시장에 진입하게 되었습니다. 당시 그녀가 지내던 파리에서는 발레와 클래식 음악이 군중을 매료

코르셋을 입고 있는 여성, 1900년경 사진 / 당시 여성의 의상은 하늘하늘한 천에 장식이 붙은 디자인이 기본이었다. 여성들은 코르셋으로 허리를 불편하게 조이고 생활해야 했다.

하고 있었고, 여성의 의복 색상은 밝은 파스텔 톤으로 가득했습니다. 샤넬은 이런 비효율적인 의상이 마음에 들지 않았고 여기에 반기를 들었습니다. 여성을 위한 활동적인 옷을 만들기로 한 것이죠. 거추장스러운 코르셋은 없애고 간편하게 입을 수 있는 카디건을 디자인했으며 남성이 주로 입던 흰색 셔츠를 여성용으로 만들기도 했습니다. 특히 남성 속옷에 사용되던 얇고 가벼운 저지jersey 천으로 실용적이면서도 단순한 투피스를 만들어서 큰 호응을 얻었습니다. 이런 옷들로 채워진 샤넬의 의상실은 당대 여성들에게 매우 낯설었지만, 입소문이 나며 차츰 유명해졌습니다.

특히 샤넬은 유행하는 문화 예술에 주목했습니다. 그래서 우아함을 강조한 프랑스풍의 발레 대신 역동적인 러시아 무용에 거액의 돈을 투자했습니다. 샹젤리제 극장 공연에서 무용수들의 의상을 직접 디자인했습니다. 당시에 프랑스에서 발표된 러시아 무용은 발레보다 좀더 실험적이었습니다. 스포츠 게임과 고전 발레를 접목해 활동적인 동작이 주를 이루었지요. 즉, 샤넬의 가치관과 추구하는 스타일에 맞아떨어졌던 것입니다. 샤넬의 이런 행동은 러시아 무용단의 후원이기 이전에 새로운 문화를 전파하기 위한 전략이었던 셈입니다. 이런 공연을 처음 본 발레 관계자들은 파격적인 패션과 낯선 공연을 부정적인 시각으로 바라보았습니다. 하지만 샤넬은 파리 시민들이 새로움에 익숙해질 때까지 꾸준히 러시아 무용을 후원하며 알

렸습니다.

　마침내 현대적 여성상을 추구하는 그녀만의 철학이 담긴 의상이 유행하기 시작했습니다. 또한 메세나 활동(기업이 문화, 예술, 과학, 스포츠 따위의 분야를 지원하는 활동)을 통해 브랜드 충성도가 높은 고객층을 확보할 수 있었는데, 이런 예술 후원은 브랜드의 홍보 마케팅에 시너지 효과를 주었습니다.

　몸을 꽉 조이고 활동하기 어려운 옷이 주류를 이루던 시장에 나타난 샤넬의 자유로운 의상은 새로운 바람을 일으켰습니다. 여성들은 긴 치마를 벗고 무릎까지 오는 간편한 치마를 입었고, 편한 바지를 입었습니다. 그 외에도 샤넬은 방수 기능이 있는 고무 레인코트를 만들고, 재킷에 주머니를 달거나 핸드백에 어깨끈을 다는 등 활동성을 중요하게 고려한 제품들을 출시했습니다. 특히 1926년에는 여성용 야회복인 '리틀 블랙 드레스'를 출시해 주목을 끌었습니다. 상복에만 쓰이던 검은색을 처음으로 여성복에 사용했다는 점, 그리고 곡선이 아닌 직선으로 이루어진 실루엣과 불필요한 장식이 없는 심플한 디자인이 획기적이었습니다. 이 블랙 드레스는 현재까지 이어지는 샤넬의 시그니처라고 할 수 있지요. 샤넬의 옷을 기점으로 여성복 시장은 완전히 변화하기 시작했습니다. 샤넬은 패션을 넘어 예술계의 살아 있는 전설이 되었고 현재의 패션 제국을 세울 수 있었습니다.

1924년 발표된 러시아 무용 작품 <푸른기차>의 출연진들 / 샤넬은 이 작품 속 무용수들의 의상을 협찬했다. 역동적인 작품성에 맞게 캐주얼하고 활동적인 의상으로 디자인했다. 무대 의상에 현대적인 감성을 입혀 혁신적이라는 평가를 받았다.

세일러 티셔츠와 바지를 입은 코코 샤넬, 1928년 사진

샤넬은 "무엇과도 바꿀 수 없는 존재가 되려면, 늘 달라야 한다"라는 유명한 말을 남기기도 했습니다. 지금도 전 세계 은밀한 곳에서는 샤넬의 모조품을 생산해 내곤 합니다. 모조품이라도 갖고 싶은 이들이 불법으로 샤넬의 제품을 따라 만드는 것입니다. 샤넬이라는 브랜드가 여전히 독보적인 위치를 유지하고 있는 것은 시대상에 반하는 활동적인 여성이라는 남다른 철학에서 시작했기 때문입니다. 또한 예술 후원이라는 브랜드 마케팅을 적극적으로 추진하고 여성들의 감춰진 로망과 실용성을 충족시켜 주었던 덕분입니다. 이후에도 비슷한 디자이너 브랜드들이 생겨나고 있지만 여전히 독보적인 자리를 지키는 이유입니다.

프랑스 예술을
독점한 여인, 퐁파두르

평민으로 태어났지만 엄청난 신분 상승을 해내고, 훗날 유럽의 미술 양식까지 바꾸어 버린 여성이 있습니다. 루이 15세가 가장 아끼는 여인이었던 그녀는 국가적 결정에도 일부 관여할 정도로 영향력이 컸습니다. 특히 프랑스에서 로코코라는 아주 섬세한 예술 양식이 꽃피우도록 기반을 만든 상징적인 인물이기도 합니다. 그녀는 연극, 회화, 음악 등 다방면에 뛰어난 안목을 가지고 있었고 예술과 학문의 후원자이기도 했습니다. 지금부터 프랑스 왕의 정부였던 퐁파두르 부인의 이야기를 해보려고 합니다.

퐁파두르 부인의 드라마틱한 신분 상승

그녀의 원래 이름은 잔 앙투아네트 푸아송으로, 그녀의 어머니는 귀족을 상대하는 매춘 직업군 일을 했습니다. 퐁파두르는 어머니의 연인이자 실제 아버지일지도 모르는 샤를 프랑수아 폴 르 노르망 드 투르넴의 지원을 받아 상류층의 교육을 받았습니다. 당시에는 여성이 결혼하면 은연중에 배우자의 신분을 따라가거나 안정정인 사회적 지위를 얻을 수 있었기 때문에, 투르넴은 퐁파두르를 자신의 조카와 결혼시켰습니다. 나아가 그녀가 출세할 수 있도록 사교계 진출을 적극적으로 도와주기도 했습니다.

그렇게 사교계에서 활동하던 어느 날 퐁파두르는 궁에서 열린 가면무도회에서 프랑스의 왕 루이 15세를 만났습니다. 그녀에게 반한 루이 15세는 그녀를 정부로 두기로 결심했습니다. 왕의 정부가 된 퐁파두르는 본격적으로 궁전 생활을 시작했고, 곧 사교계의 유명세를 탔습니다. 훗날 마리 앙투아네트가 퐁파두르의 머리 스타일을 흉내 냈을 정도로 떠오르는 유명 인사였지요. 귀족 출신이 아닌 그녀를 무시하는 세력도 많았지만, 퐁파두르는 활발한 대외 활동을 펼치며 자신의 영향력을 키워 나갔습니다.

그녀의 관심사는 매우 다양했습니다. 특히 예술, 패션, 문학에 관심이 많아서 예술가와 신지식인을 후원하는 살롱을 만들어 그들과 활발히 교류했습니다. 많은 화가와 작가, 철학자, 시인이 퐁파두르의 살롱을 찾았으며 그곳은 자연스럽게 계몽적인 지식과 예술이 퍼지는 장이 되었지요.

18세기 초중반 프랑스에서는 사상적 변화가 일어나고 있었습니다. 특히 17세기 말에 아이작 뉴턴이 만유인력의 법칙을 발표한 이후로 사람들은 이성에 눈을 뜨고 진보적인 사상에 관심을 돌렸습니다. 18세기가 되어서는 낡고 권위적인 종교 사상 대신 진보적인 계몽사상이 강하게 유행했습니다. 권력을 가진 자들은 이런 현상에 위기감을 느끼고 민감해질 수밖에 없었습니다. 그러던 중 철학자이자 계몽주의 사상가였던 드니 디드로와 물리학자이자 수학자, 철학자였던 장 르 롱 달랑베르가 계몽주의 학문을 집대성한 《백과전서》를 출판합니다. 이 책은 28권으로 이루어졌고, 150명의 지식인이 집필에 참여했습니다. 이성의 힘을 통해 기존의 가치관을 바꾸고 부패한 왕정을 비판적인 시각으로 볼 수 있는 책이었습니다. 그래서 결국 사상이 불순하다는 이유로 판매가 금지되고 말았습니다.

그런데 이 《백과전서》를 출판할 수 있도록 강력히 후원한 사람이 바로 퐁파두르입니다. 퐁파두르의 당돌한 행동 덕분에 당대의 신지식인들은 자신의 사상을 본격적으로 전파할 수 있었습니다. 이는 훗날 사회적 모순과 불평등을 자각한 시민들이 일제히 일어나는 프랑스 혁명의 발단을 만들어 준 셈이 되었습니다. 그녀가 프랑스 문화에 끼친 영향이 얼마나 큰지 알 수 있는 대목이지요.

당시 프랑스 문화를 지배한 또 다른 유행은 '예쁜 것'에 대한 탐닉이라고 할 수 있습니다. 이 또한 퐁파두르의 영향이 컸습니다.

퐁파두르는 예술가들에게 많은 후원을 했고 덕분에 프랑스에서는 새로운 스타일의 문화가 퍼집니다. 바로 로코코 양식입니다. 로코코 양식은 화려하고 섬세하며 장식이 많은 것이 특징입니다. 바로크 양식이 권위와 위엄, 과시성을 중요하게 생각하고 궁전, 교회와 같은 대규모 건축물에 주로 적용되었다면, 로코코 양식은 기능보다는 아름다움을 중시했고 주로 살롱에서 곡선 형태의 실내 장식이나 가구에 쓰였습니다. 특히 로코코 양식의 가구들은 선들이 굽이굽이 휘어지면서 춤을 추는 듯한 형상으로 만들어졌습니다. 화려하고 우아한 곡선 형태는 귀족들의 생활 양식에 적합했고 가구, 그릇, 찻잔, 의류, 머리 장식 등 일상에서 쓰이는 다양한 생활용품에 로코코 양식이 적용되어 쏟아져 나왔습니다. '공예품의 황금기'라 부를 정도로 미적 감각이 한층 더 발전하던 때였습니다.

그림도 사람들이 선망했던 아름다움을 구체적으로 그린 작품이 유행했습니다. 그림 형식도 호화스럽고 세련된 장식적 이미지 위주였습니다. 로코코는 르네상스 이후의 미술 양식이 이탈리아에서 들어왔던 것과 달리 프랑스가 만들어 전 유럽에 전파한 양식이라는 점에서 의미가 깊었습니다. 문화적 유행을 선도한 로코코 덕분에

로한 왕자의 침실 벽 장식, 1735-1736년 / 제르맹 보프랑이 작업한 실내 디자인 입면도다. 그는 로코코 양식의 선구자 중 한 명이었다. 로코코 양식은 궁의 실내, 응접실, 호텔, 일상에 쓰이는 제품, 장신구 등에 많이 쓰였다.

파리는 세계 미술의 중심지로서 20세기 중반까지 자리를 굳혀 갔습니다.

다양한 로코코 미술품 중에서도 18세기의 전형적인 프랑스 스타일은 퐁파두르의 후원을 받은 프랑수아 부셰의 그림에서 볼 수 있습니다. 부셰는 로코코 미술의 전성기를 대표하는 화가입니다. 18세기 가장 유명한 화가이자 장식 예술가였던 그는 아기자기하며 우아한 스타일로 유명했습니다. 부셰는 화가, 실내 장식가, 동판화가, 연극무대 제작자 등으로 활동하며 시각 예술 전반에 막대한 영향력을 행사했습니다. 어린 화가 지망생들은 그를 모방하느라 바빴지요. 부셰의 명성은 점점 높아져 루이 15세 때 궁정의 수석 화가로 임명되었고, 왕립 미술 아카데미의 회장으로 뽑혀 영광의 정점을 찍게 되었습니다. 퐁파두르는 부셰의 가장 큰 후원자로서 부셰를 20여 년간 지원했습니다. 퐁파두르의 초상화가 대부분 부셰의 작품일 만큼 퐁파두르의 취향과 부셰의 취향이 닮았습니다. 그렇기에 긴 시간 동안 후원 관계를 이어올 수 있었지요.

이들의 운명적인 만남은 로코코의 바람을 강력하게 불러일으켰습니다. 두 사람의 취향은 그림뿐만 아니라 직물 공예인 태피스트리, 동판화, 책의 삽화, 도자기 그릇을 장식하는 그림 등에서도 표현되었습니다. 그림 외 다른 예술 작품도 다양하게 작업한 덕에 시민들에게도 궁정 문화가 번져 나갔습니다. 어떤 이들은 부셰의 그림을

프랑수아 부셰, 마담 드 퐁파두르, 1756년 / 부셰는 궁정 화가로서 퐁파두르 부인의 총애를 받아 화가 사회
의 중심인물이 되었다. 부셰는 로코코의 대모라고 불리는 퐁파두르의 초상화를 종종 그렸다.

복제한 판화와 도자기로 집을 치장할 정도였습니다. 퐁파두르의 아낌없는 후원과 부셰의 예술에 대한 열정이 만나면서 한 시대의 문화를 이끄는 중심이 생겨났습니다. 이 둘은 유럽 전역에 프랑스풍이 어떤 것인지에 대해 강렬한 인상을 남겼지요.

도자기 공기업을 세운 사연

퐁파두르와 부셰는 화려하고 아기자기한 것을 좋아했고, 타국의 공예품에 호기심이 많았으며, 그것들을 수집하는 습관까지도 닮아 있었습니다. 퐁파두르는 해외에서 이국적이고 진귀한 도자기와 보석, 각종 그림을 사들이곤 했는데, 훗날 그녀가 죽은 후에 소장품을 정리하는 데만 1년이 걸렸을 정도라고 합니다. "평민 출신 주제에 사치를 부린다"라며 비난하는 사람들도 있었지만 그녀는 수집을 멈추지 않았습니다.

퐁파두르의 스타일은 섬세하며 전원적인 느낌을 자아냅니다. 대표적인 것이 '프렌치 스타일'이라고 불리는 파스텔 색조입니다. 그녀는 아름다움에 열광하는 만큼 공예품이나 가구를 직접 스케치할 정도로 정성을 쏟았습니다. 특히 파스텔 색상의 가구를 선호해 아기자기하고 사랑스러운 느낌을 드러내려고 했습니다.

이런 열정이 프랑스 도자기로 이어지면서 브랜드를 탄생시키기도 했습니다. 당시 프랑스에서는 중국, 영국, 독일, 일본에서 수입한 도자기가 대세였습니다. 중국의 도자기 제작 기술이 유럽 전역에 퍼지며 각국이 앞다투어 아름다운 자기를 만들어 내던 시절이었습니다. 퐁파두르 역시 프랑스를 대표하는 도자기를 만들고 싶었고, 이왕이면 그 도자기에 자신의 색을 입히길 바랐습니다.

그래서 기존에 후원하고 있던 왕실 도자기 제조장을 자신이 있는 지역으로 옮겨 세브르 왕실 도자기 제조장을 세웠습니다. 세브르 도자기는 퐁파두르 컬러라는 이름이 붙은 파스텔 색조를 바탕색으로 사용했으며 섬세한 장식 문양이 돋보였습니다. 이 도자기의 장식을 맡은 예술가들도 모두 퐁파두르의 지원을 받은 셈이지요.

퐁파두르의 전폭적인 지원 덕분에 세브르 왕실 도자기 제조장은 유럽에서 명성을 떨치는 제조장이 되었습니다. 당대의 도자기 장인, 예술가, 퐁파두르의 취향이 만나 자연스럽게 만들어진 자기 브랜드는 프랑스를 대표하는 명품이 되었습니다. 그 덕택에 프랑스도 도자기 수출국 반열에 오를 수 있었고, 그녀의 정성이 담긴 세브르라는 브랜드는 성장해 갔습니다. 퐁파두르는 이렇게 프랑스 도기 산업 발전에 결정적인 역할을 했습니다. 그녀는 도자기, 공예품, 예술품 등 대한 관심으로 수년 동안 많은 예술가와 공예가를 먹여 살렸습니다. 그녀가 아름다운 자기를 탄생시키려는 의지로 공방을 드나들며 남다른 조언을 하지 않았다면 지금의 프랑스적인 아름다움은 탄생하

1827년에 만들어진 세브르 자기 / 도자기가 최초로 유럽에 들어올 때 유럽의 왕실과 귀족들은 도자기를 '동양에서 온 하얀 금'이라 불렀다. 필연적으로 중국을 따라 유럽에도 도공이 생겼고 장기간 개발을 하면서 전 세계로 기술이 번지게 되었다. 그중 세브르는 프랑스를 대표하는 브랜드로, 현재까지도 널리 사랑받고 있다.

지 않았을 것입니다.

　한 시대를 풍미하는 유행을 일으키려면 그만큼 많은 이에게 노출되어야 하고, 그것을 찾고 좋아해 주는 이가 있어야 합니다. 그런 문화를 만들기 위해서는 시대에 맞는 생산품과 그것을 만들기 위한 자본력, 시장성이 두루 필요하지요. 세브르는 애초에 프랑스만의 도자기를 만들겠다는 의도로 시작된 일종의 공기업이었습니다. 도자기로 유럽에서의 위상을 높이려는 프랑스의 자존심이기도 했지요. 현재까지도 세브르에 소속되어 있는 장인이 100명이 넘는데, 모두 프랑스 문화부 소속 공무원입니다. 이들은 무형 문화재로 인정받으며 높은 대우를 받고 있습니다. 프랑스는 퐁파두르의 정신을 이어받아 예술, 문화인에 대한 대우가 남다른 국가라고 할 수 있지요. 그리고 세브르 생산품의 25퍼센트는 정부에서 외교 선물로 쓰고, 루브르 박물관에 특별관을 만들어 전시하며 적극적으로 노출하고 있습니다. 세브르 도자기는 프랑스의 위상을 높인 문화 중 하나입니다.

　과거 프랑스에는 세브르 외에도 수많은 도자기 회사가 있었습니다. 그중 세브르만이 왕실 기업으로서 온갖 후원을 한몸에 받을 수 있었습니다. 하지만 부정적인 의미의 독과점이 아닌 프랑스 문화의 가치를 끌어올리기 위한 국가적 사업이었습니다. 덕분에 프랑스만의 자기가 탄생할 수 있었지요. 왕권의 후원이 강력한 힘이 된 사례입니다.

어찌 보면 독과점은 자본과 권력이 만난 형태라고 할 수 있습니다. 과거 이런 힘을 통제하거나 만들 수 있는 존재도 대부분 국가의 지배층이었습니다. 18세기 로코코 양식과 그에 관련된 수많은 예술품은 결국 국왕 옆에 있던 퐁파두르의 명확한 의도에서 시작되었다고 할 수 있습니다.

10대를 위한 미술관에서 읽는 경제학

연금술사의 희생으로
탄생한 유럽의 자기

독일의 관광 도시 드레스덴의 기반을 만들었다고 알려진 아우구스투스 2세는 위엄과 권위를 과시하고 싶어 하는 왕이었다. 그만큼 전쟁을 많이 일으켰고 군자금도 많이 필요했다. 그는 자금을 확보하기 위해 연금술사였던 요한 프리드리히 뵈트거에게 황금을 만들도록 지시했다. 하지만 연금술로 금을 만들기는 역부족이었다. 금을 만들 수 없게 되자 아우구스투스는 도자기를 만들어 자금을 대기로 했다. 그래서 뵈트거에게 독일 마이센이라는 지역에서 도자기를 개발하도록 명령했다. 당시 중국 도자기는 황금과 맞먹는 가치를 지니고 있었기 때문이다.

중국의 도자기, 가구, 장식품 등이 유럽에 건너오면서 중국이라는 나라에 대한 판타지가 생겼던 시기였다. 부셰가 표현한 그림 속 풍경에도 신비로운 중국에 대한 환상이 녹아 있다. 유럽에서는 계속해서 신비의 대상인 중국의 도예 기술을 알아내고자 했다.

고대부터 도자기 문화가 이어져 온 중국의 기술을 따라잡기란 쉬운 일이 아니었다. 그러나 뵈트거는 흙의 성분에 따른 재료의 배합이 중요하다는 사실을 알게 되었고, 마침내 흰색 자기를 굽는 데 성공했다.

하지만 감옥 같았던 자기 제조실에서 강제로 연구하며 희생된 뵈트거는 도자기 탄생 이후 비극적으로 생을 마감하게 되었다. 뵈트거가 죽은 후에는 또 다른

프랑수아 부셰, 중국의 낚시, 1740년대

마이센 자기 박물관에서 찍은 마이센 자기 세트, 2005년 8월 18일 사진

10대를 위한 미술관에서 읽는 경제학

기술자가 그 뒤를 이어받아 연구를 계속했다. 그렇게 독일의 마이센 자기 브랜드가 탄생하게 된다. 이 자기는 유럽 각국의 왕실을 크게 자극했고 유럽에서도 도자기를 자체 제작할 수 있다는 가능성을 열어 주었다. 유럽의 자기 기술은 어찌 보면 뵈트거의 희생 덕에 발전한 셈이다.

아우구스투스의 과도한 열정과 뵈트거의 희생으로 만들어진 독일 마이센 자기. 이 자기는 유럽 최초의 백색 도자기가 되었다. 독일의 기술력은 다른 나라에서 탐낼 수밖에 없었는데, 오스트리아는 그 기술력을 알아내 자국에 끌어들인다. 그 후 유럽 전역으로 도자기 기술이 확산되면서 각국에서 유행처럼 도자기를 생산하게 되었다.

6장.

예술품도
마구마구
찍어 낼 수 있을까?

물가란?

화폐를 주고 구매할 수 있는 여러 재화의 가격을 더해 평균을 낸 것을 물가라고 말한다. 물가는 올라야 좋을까, 내려야 좋을까? 너무 오르지도, 너무 내려가지도 않게 적정 위치를 유지하는 것이 가장 좋다. 물가가 너무 내려가면 제품을 생산하는 기업이 피해를 입고, 물가가 너무 올라가면 제품을 구매하는 소비자가 힘들기 때문이다.

물가가 지속적으로 오르는 현상을 인플레이션이라 한다. 반대로 경기가 침체하면서 물가가 계속 떨어지는 현상은 디플레이션이라 부른다.

초인플레이션과
새로운 예술의 탄생

장바구니를 들고 마트에 갑니다. 오늘 먹을 저녁거리도 사고 마침 다 떨어진 샴푸도 집고 새로 나온 과자도 먹어 보려고 하는데 몇 개를 카트에 담으니 생각했던 예산을 금방 넘겨 버리네요. 별로 산 것 같지도 않은데 요즘 물가가 무섭게 올랐다는 것이 체감되지요.

뉴스에서 '물가'라는 말을 자주 들어 봤을 것입니다. '물가가 올랐다', '물가가 내렸다'라는 말을 듣고 지금 물건값이 전체적으로 싼지, 비싼지를 알 수 있습니다. 알다시피 모든 물건에는 가격이 있습니다. 양파는 1,000원, 샴푸는 8,000원, 과자는 1,500원인 것처럼요. 물가는 이 물건들의 가격을 더해 평균을 낸 수치입니다. 물론 세상의 모든 물건 가격을 조사해 더하지는 않습니다. 시간과 비용 면에서 모든 물건 가격을 다 조사할 수 없을뿐더러 물가는 실시간으로 변하니까요.

그렇다면 뉴스에서 말하는 물가는 어떻게 계산하는 것일까요? 물건의 가격이 어떻게 변하는지 알기 위해 통계청은 매달 460개의 상품과 서비스 항목 가격을 조사합니다. 이를 '소비자 물가 지수'라고 합니다. 소비자 물가 지수의 조사 항목은 크게 농축수산물, 공업 제품, 전기·수도·가스, 서비스로 나눕니다. 쌀, 돼지고기, 라면같이 우리가 많이 먹는 식료품부터 스마트폰 이용료, 아메리카노처럼 일상에서 주로 소비하는 품목까지 다양하게 들어가 있지요. 조사 항목은 5년을 주기로 바뀝니다. 시대가 변하면서 새롭게 많이 사용하는 품목은 추가하고, 사용하지 않는 품목은 빼는 식입니다.

통계청은 소비자 물가 지수도 실생활을 잘 반영하지 못한다는 생각으로 '장바구니 물가 지수'를 따로 조사하기도 합니다. 장바구니 물가 지수는 일반 소비자가 더 자주 구입하는 기본 생필품 141개를 따로 선정해 조사한 수치입니다. 장바구니라는 말에서 알 수 있듯이 조사 항목은 우리의 일상과 더 가깝습니다. 두부, 고등어, 오징어 같은 식료품부터 쓰레기봉투, 세탁 세제, 치약, 샴푸 등의 생활용품, 김치찌개 백반, 비빔밥, 돼지갈비 같은 외식 메뉴까지 생활에 밀접한 품목으로 구성됩니다. 목욕료, 미용료, 자동차 보험료 등도 조사합니다.

초인플레이션이
주는 공포

통화량이 많아지면 물가가 오릅니다. 물건을 살 수 있는 돈은 많아졌는데, 실제 물건은 많아지지 않았으니, 돈의 가치는 떨어지고 상대적으로 물건의 가치가 올라가는 것입니다. 이렇게 물가가 지속적으로 오르는 현상을 '인플레이션'이라고 합니다. 돈의 가치는 점점 떨어지고 물건은 귀해지는 상황입니다. 인플레이션이 단기간에 심해지면 '초인플레이션' 또는 '하이퍼인플레이션'이 발생했다고 말합니다.

초인플레이션이 일어난 상황은 역사에서 종종 찾아볼 수 있습니다. 독일은 제1차세계대전을 겪는 동안 돈을 마구 찍어 냈습니다. 전쟁에 필요한 무기를 사기 위해 과도하게 화폐를 발행한 것이지요. 전쟁 시작 전 독일의 한 해 예산은 23억 마르크였지만 1914년 10월에는 한 달 지출만 12억 마르크였고, 1918년 10월에는 한 달에 약 48억 마르크가 지출되었습니다. 독일 정부는 채권과 어음을 남발하며 전쟁 비용을 충당했습니다. 전쟁에서 패배하고 나서는 승리한 나라에게 1,320억 마르크라는 어마어마한 배상금도 지불해야 했습니다. 이미 많은 돈을 전쟁에 써버린 독일 정부는 하루 종일 인쇄소를 가동하며 무모하게 화폐를 찍어 냈습니다.

결국 독일 화폐인 마르크화의 가치가 크게 하락했습니다. 1923년

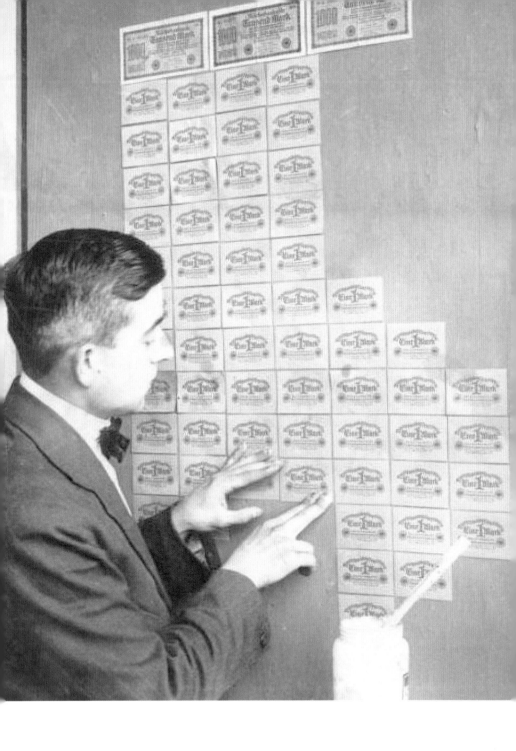

폴 조지, 지폐를 벽에 바르고 있는 모습, 1923년 사진 / 초인플레이션 때문에 지폐가 벽지보다 저렴한 상황
이 벌어지기도 했다.

11월에는 빵 한 덩어리 가격이 2,000억 마르크가 되었습니다. 화폐의 가치가 바닥으로 떨어져 큰 수레 가득 지폐를 담아 와도 빵 하나를 사기가 힘들었고, 나무 땔감을 사느니 종이 돈을 땔감으로 쓰는 것이 나을 정도였습니다. 어린아이들은 지폐 뭉치를 장난감 삼아 가지고 놀았습니다. 과도한 화폐 발행은 결국 물가가 기하급수적으로 오르게 하는 초인플레이션을 몰고 왔습니다. 수많은 사람의 목숨을 앗아간 전쟁의 여파가 한 국가를 파탄시킨 후에도 계속해서 모두에게 커다란 상처를 준 것이지요.

물가가 급속도로 폭등하는 초인플레이션 현상은 현대에 와서도 일어났습니다. 2008년 아프리카 짐바브웨의 물가 상승률은 무려 2억 퍼센트였습니다. 짐바브웨 정부는 초인플레이션을 감당하지 못하고 2009년 자국 화폐를 폐지하고 미국 달러를 공식 화폐로 채택하기도 했습니다.

참혹한 전쟁 속에서 피어난 새로운 예술

화폐는 약속입니다. 국가가 일정한 가치를 보장해 줘야 사회 구성원 모두가 믿고 사용할 수 있지요. 그런데 전쟁은 가장 안정적이어야 할 가치마저 흔들어 놓았습니다. 이런 상황을 지켜본 예술가들은 어땠을까요? 당시에도 예술가들은 있었습니다. 제1차세계대전은 약

1,000만 명의 사망자를 낳을 만큼 참담했고, 생의 기로에 선 예술가들은 죽느냐 사느냐의 문제에 맞닥뜨렸습니다. 전쟁에 직접 참가한 예술가도 많았습니다. 많은 예술가가 전쟁 중에 사망하거나, 전쟁 전후로 비위생적인 환경에 병에 걸려 죽었습니다.

전쟁이 끝난 후 독일에서는 나치가 정권을 잡았고, 자신들의 사상이 아닌 예술은 퇴폐 미술이라 부르며 탄압하기 시작했습니다. 예술가가 자신만의 예술 세계를 자유롭게 펼칠 수 없는 분위기가 오랫동안 계속되었지요. 가족을 포함해서 주변 사람들이 속수무책으로 죽어 가는 전쟁의 참상을 바라본 예술가들은 대규모로 벌어지는 비이성적인 사회 현상에 환멸을 느낄 수밖에 없었습니다. 이들은 목숨을 부지하기 위해서 중립국이었던 스위스로 향했습니다. 1916년도 스위스 취리히에는 전쟁을 피해 온 예술가들이 모였습니다. 다양한 국가에서 모인 젊은 예술가들은 기존 질서에 반항심을 가지고 있었고, 단체를 구성하기 시작했습니다. 이들은 끔찍한 전쟁을 부추긴 민족주의와 식민주의, 자본주의를 비판하며 현대적인 예술마저 비판하게 됩니다. 이런 의식적 운동을 다다이즘이라고 합니다. 다다Dada라는 말은 허망함, 기존의 방식에 대한 반대, 비논리, 비상식이라는 의미입니다. 다다이즘은 반이성, 반도덕성, 반예술 운동으로 전반적인 것에 대한 비판과 거부가 모토였습니다. 이 운동에 참여한 예술가들을 다다이스트라고 부릅니다.

이들이 전쟁 당시 할 수 있던 것은 그동안 존재했던 과거의 모든 예술적 가치관을 파괴하고 전쟁의 무의미함을 강조하는 것이었습니다. 그래서 그들이 만들어 낸 작품에는 예술의 표준을 거부하는 의도가 분명히 드러났습니다.

마르셀 뒤샹이라는 예술가는 다다이즘 운동의 선구자로 활약한 사람입니다. 그는 대량 생산된 제품의 대표 격인 변기를 미술관 전시장에 버젓이 갖다 놓았습니다. 그리고 변기에 〈샘〉이라는 제목을 붙였습니다. 작품에는 자신의 이름 대신 'R. MUTT 1917'이라고 서명했는데 이는 변기를 만든 회사의 이름이었습니다. 공장에서 생산된 변기에 서명만 한 후 작품으로 올려놓은 것입니다. 그 밖에도 자전거 바퀴를 전시하기도 하고, 예술에 대한 숭배를 비판하고 성에 대한 구별을 허물기 위해 〈모나리자〉 그림에 콧수염을 그려 넣기도 했습니다. 그의 예술에는 사회적 부조리함과 전통적인 규범의 모순을 비판하며 기존의 예술을 조롱하려는 의도가 담겨 있었습니다.

이처럼 유럽과 미국을 중심으로 생겨난 다다이스트들은 대량 학살을 일으킨 전쟁을 보고 비이성적인 가치관을 비판했고, 기득권의 부조리하고 모순된 사회 현상에 대응해서 예술도 바꾸고자 했습니다. 기존의 사회적 관습과 기존의 미술을 동일하게 보면서 그것을 없애려고 한 것입니다. 다다는 스스로 예술을 부정하면서 한 단계 성장했고, 훗날의 예술가들에게도 사고와 형식의 폭을 넓혀 주었습니다.

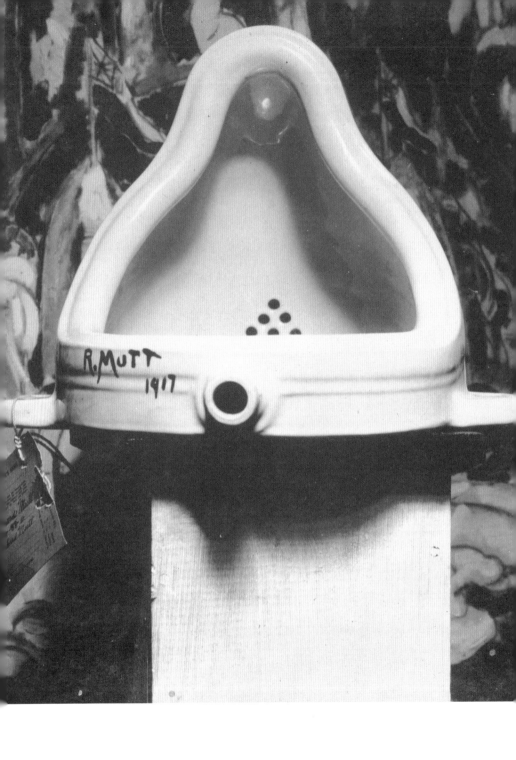

마르셀 뒤샹, 샘, 1917년 / 근대 사진의 아버지라 부르는 앨프리드 스티글리츠가 뒤샹의 〈샘〉을 찍은 사진
이다. 〈샘〉의 원본은 현재 존재하지 않는다.

미술 작품이
대량 생산이 되는 순간

사람들은 언제부터 가격이라는 개념에 대해 생각하게 되었을까요?
선사 시대에는 사람들이 부족을 이루고 좁은 생활권 안에서 생활했습
니다. 이때는 자신이 원하는 바를 전달하려면 상대에게 다가가 직
접 말하면 되었고, 필요한 물품도 서로 교환하면 그만이었습니다.

이후로 인구가 늘면서 지역과 지역의 구분이 생기고 편지나 전보
를 부치기 시작했습니다. 가내 수공업으로 자잘한 물건을 만들어서
쌀, 보리와 같은 곡식과 맞바꾸기도 했습니다. 정보를 전달하는 매
체가 보편화되고 전달 범위도 광범위해진 뒤에는 물건의 종류도 다
양해지고 생산량도 많아졌습니다.

특히 18세기 후반부터 약 100년 동안 일어난 산업혁명은 많은 변화를 가져왔습니다. 공장이 한꺼번에 많이 생기자 자본으로 가치를 매길 수 있는 재화가 더욱 많아졌습니다. 대량 생산이 시작되면서 모든 물품을 화폐와 교환하는 일이 당연해졌고, 수치화가 가능해졌습니다. 이웃집에서 직접 종이 죽을 쑤어서 만든 종이보다 대량 생산되어 문구점에서 파는 종이의 가격을 매기는 일이 더 쉬운 것처럼 말이죠. 대량 생산은 모든 물건을 획일화해 같은 수치를 적용할 수 있게 만들었고, 이로써 물가의 개념이 일반화되기 시작했습니다.

현재도 다양한 가공식품, 대형 마트, TV 방송, 대중음악, 만화와 같은 대중문화가 속속들이 상품화되고 있습니다. 예술도 예외가 아닙니다. 미술 작품의 제작 방식에도 효율성이 뛰어난 대량 생산이 적용되면서, 일반화되고 있지요.

▍예술에 대량 생산을 접목한 화가

대량 생산을 고스란히 예술에 접목하면 어떻게 될까요? 팝 아트의 황제라고 불리는 워홀의 작품을 보면 알 수 있습니다. 워홀은 20대 시절 광고 디자인과 구두 디자인으로 사회에 첫발을 내디뎠습니다. 하지만 늘 클라이언트의 요구에 부응하는 작업물을 만들어야 한다는 점을 스트레스로 느끼면서 분야를 순수 예술로 바꾸게 되었습니다.

위홀이 분야를 바꿨을 때는 산업 디자인을 하면서 어느 정도의 상업적 감각을 키운 후였습니다. 그는 자신만의 아이덴티티를 완성하기 위해 겉모습까지 바꿀 정도로 마케팅에 적극적이었죠. 물감이 여기저기 묻은 작업복 대신 슈트를 입었고, 전략적으로 코를 성형하고, 밝은 머리색에 어울리는 창백한 피부로 보이도록 화장을 하고 다녔습니다. 그뿐만 아니라 다양한 가발을 구입해서 상황에 따라 스타일을 바꿔 가며 세심하게 이미지를 만들었습니다. 밝은 은빛 머리에 검정 선글라스, 흑백의 슈트를 입은 그의 세련된 모습은 어디에서나 눈에 띌 수밖에 없었고 사람들의 주목을 끌 수 있었습니다. 이런 행동은 대중에게 신비감을 주고 호기심을 일으키기 위한 전략이었습니다.

그때까지 예술품은 천으로 된 캔버스에 붓으로 물감을 칠해 그리는 전통적인 방식이었습니다. 고전 시대, 중세, 바로크, 로코코 시대 모두 마찬가지입니다. 그는 이런 고전적인 방식을 따르지 않았습니다. 1960년대는 경제 대공황이 끝나고 상품이 풍족하게 생산되던 시기였습니다. 뭐든 가볍게 찍어 내는 대량 생산의 방식을 지켜본 위홀은 자신의 작품도 판화 기법을 활용해 찍어 내기 시작했습니다. 작품 소재도 통조림 수프, 콜라병, 달러, 대중만화 등 대량 생산되는 기성품이 많았습니다. 그는 당대 유명인의 초상화를 실크 스크린으로 제작하면서 더욱 유명해졌습니다. 메릴린 먼로 같은 유명인을 생

잭 미첼이 찍은 앤디 워홀, 1966-1977년 사이 촬영

산품의 주인공으로 등장시킨 것입니다. 과거의 예술품 대부분이 손으로 정성스럽게 시간을 들여 완성한 것에 비해 그의 실크 스크린 작품에는 효율성과 대량 생산이 접목되었습니다. 붓으로 그림을 그리지 않고 스퀴지squeegee라는 고무 롤러로 밀어서 작품을 만드는 일을 '제작'이라고 부를 수 있을 정도였습니다. 이런 과감함 때문에 순수 미술계의 비난을 받기도 했지만 그는 아랑곳하지 않았습니다.

적극적으로 자신만의 이미지를 구축한 화가가 상업성을 반영해 찍어 내는 예술 작품에 수많은 유명인이 러브콜을 보냈습니다. 화려하고 자극적인 색감을 사용한 그의 작품에 많은 이가 열광했고, 신흥 부자들의 소장 욕구를 불러일으켰지요.

▎예술에서
▎복제성이 가진 의미

1964년 워홀은 소방서를 개조해서 말 그대로 공장처럼 작품을 생산하는 작업실을 세우고 '팩토리'라고 불렀습니다. 조수를 고용해서 실크 스크린으로 작품을 마구 찍었는데 그 수가 하루에도 300장이 넘었다고 합니다. 이렇게 찍어 내는 작품은 당시 붓으로 그린 작품보다 가격이 훨씬 저렴했습니다. 팩토리는 밤마다 파티가 열리는 파티장이기도 하면서, 필요할 때는 미팅 장소로도 쓰였습니다. 팩토리에는 자신의 얼굴이 그려진 작품을 주문하고 싶어 하는 유명 인사들의 발길이 끊이지 않았습니다.

그는 영화사를 차리기도 했는데 팩토리에서 조수가 그림을 찍어내는 동안 옆에서 배우들과 함께 촬영을 했다고 합니다. 영화 촬영은 그의 중요한 일과 중 하나였습니다. 영화를 만드는 필름 역시 복제가 가능한 매체이지요. '복제성'은 그의 작품 전체를 아우르는 단어라 할 수 있습니다.

오늘날에는 이 복제성을 얼마나 효율적으로 잘 활용하느냐가 기업의 경쟁력이 됩니다. 질 높은 복제품을 단가를 낮춰서 많이 찍어 낼수록 경쟁력을 갖출 수 있기 때문이죠. 즉, 쉽게 복제할 수 있고 대량 생산할 수 있는 제품은 수작업으로 만든 제품보다 싸게 살 수 있습니다. 합리적인 대중은 결국 질 대비 가격이 낮은 제품을 선택하게 됩니다.

판화나 프린트 작품은 물감을 캔버스에 직접 칠하거나 수작업이 일부 들어간 작품과 비교해 볼 때 가격과 수량에 큰 차이가 납니다. 예를 들어 유화 그림과 실크 스크린으로 같은 이미지의 꽃을 그린다고 생각해 봅시다. 유화로는 3~5일에 걸쳐 완성되지만(유화는 하루만에 마르지 않기 때문에 시간이 더 오래 걸립니다) 꽃의 도안을 만든 후 실크판에 본을 떠서 전용 잉크로 문지르면 단 몇 시간 안에 작품이 완성됩니다. 게다가 도안을 본뜬 실크판은 계속 쓸 수 있습니다. 실크 스크린 방식은 작업 시간도 훨씬 빠르고 과정도 간단하며 재룟값도

앤디 워홀, 캠벨수프, 1965년 / 앤디 워홀은 미국의 통조림 수프, 코카콜라, 바나나 등 누구나 쉽게 접하는 대상을 실크 스크린 판화 기법으로 작업했다. 한 번은 맥도날드 햄버거 CF의 모델로 등장하기도 했다. 그의 작품은 술, 담배, 불량 식품처럼 대량 생산을 통해 생겨난 쾌락적인 소비 문화, 소비를 통해 드러나는 인간의 욕망, 그리고 유명 배우를 보며 즐기는 현대 사회의 단면을 보여 준다.

싸기 때문에 자연스럽게 최종 생산품인 작품도 가격 경쟁력을 가집니다.

위홀은 심오한 세계에 있던 예술을 대중들이 일상적으로 쓰는 상품으로 옮겨 놓았습니다. 작품을 구매하는 주요 타깃은 유명인이었지만, 그러면서 대중에게까지 많은 이슈를 일으켰습니다. 그는 석판화, 실크 스크린, 프린팅 기법 등의 다양한 방식으로 작업의 간소화, 분업화를 이루면서 효율적인 생산 방식을 추구했고 덕분에 다량의 생산품이 나올 수 있었습니다. 효율적인 작업 과정으로 스스로 마케팅에 힘을 쓰거나 영화 제작을 할 수 있는 시간을 만든 셈입니다. 즉, 위홀은 대량 생산의 방식을 적용하면서 좀더 많은 이가 예술품을 쉽게 구입할 수 있게 했고, 더 많은 수요까지 일으켰다고 할 수 있습니다.

이탈리아의 활발한 무역이
탄생시킨 예술 문화

도시에서 지리적 요인은 매우 중요하다. 지리적 특징에 따라 문화가 달라지고 자본이 몰리는 정도가 달라지기 때문이다. 그 좋은 예가 이탈리아다.

이탈리아는 이슬람과 동로마의 문화를 접하기 쉬운 위치로, 이들의 문화를 서유럽과 연결하는 통로 역할을 했다. 이탈리아는 10세기경부터 동방 문화에 대한 관심이 높았는데, 이 관심이 지중해를 통해 동서양의 문물을 전달하는 중개 무역으로 이어졌다. 중개 무역이 활발해지면서, 점차 무역으로 부를 쌓는 도시 국가들도 생겨났다.

14세기에는 이런 환경 덕분에 상업 활동이 더욱 활발하게 이루어졌다. 강력한 경제력을 기반으로 도시 국가들이 번영을 이루자, 이와 더불어 시민이 정치에 참여하는 시민 문화까지 형성되었다. 희뿌연 안개가 걷히듯, 권위적이고 낡은 왕족 중심의 관습이 점차 사라진 것이다.

도시 국가들은 15세기에 이르러서 최고의 전성기를 맞이했다. 특히 북부의 베네치아 공화국, 피렌체 공화국, 밀라노 공국, 중부의 교황령, 남부의 나폴리 왕국 등 다섯 국가는 강력한 세력을 형성하게 되었다. 그중 피렌체는 르네상스가 시작된 출발점으로, 당시에는 메디치가가 통치하고 있었다. 상업과 은행업으로 재력을 쌓은 메디치가는 정치적으로 평민의 입장을 대변했고 예술에 대한 사랑이 남

달랐다. 이들은 학문과 예술을 전폭적으로 후원하면서 다빈치, 미켈란젤로, 산드로 보티첼리 등의 위대한 예술가를 탄생시켰다.

피렌체의 이웃 도시였던 베네치아 공화국은 15세기의 지중해 무역을 독점하면서 전성기를 맞았는데, 이곳에서는 유일하게 언론과 표현의 자유를 보장했다. 정치적 자유로움은 베네치아 공화국의 강점이 되었다. 자유로운 영혼을 가진 많은 예술가가 베네치아로 넘어왔고, 이곳은 후기 르네상스의 중심지가 될 수 있었다. 폭발적인 유행처럼 퍼지게 된 르네상스는 이탈리아에서 시작해 프랑스와 영국,

독일을 비롯한 유럽 전역에 퍼져 나갔다. 이때 발달한 문화·예술·자연 과학 등은 서양 역사에서 중세와 근대를 가르는 계기가 된다.

　이처럼 항구 도시는 지리적인 장점이 있다. 이탈리아는 그 점을 적극 활용해서 무역 도시로 변화한 것이다. 활발한 교류로 인해 지역 곳곳에 자본이 흘러들었고, 그 자본은 예술과 문화를 후원할 수 있는 자산가 집단을 대거 배출해 냈다. 그들은 막대한 자본력을 활용해 예술 활동을 후원했다. 도시 곳곳에 새로운 건물이 지어지고, 거리가 조성되면서 그곳을 아름답게 해줄 건축, 벽화 작업 등의 일거리도 생겨난 것이다. 당시의 환경은 역사적인 예술가들을 배출할 수 있던 중요한 요인이 되었다.

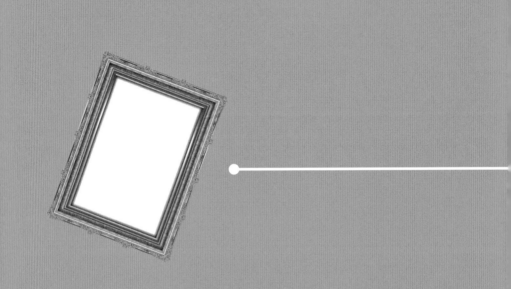

7장.

양극화는
미술도
바뀌게 한다?

양극화란?

양극단의 차이가 커지는 현상을 양극화라 말한다. 경제에서 양극화는 다양한 의미로 쓰이는데, '부익부 빈익빈'이라는 말처럼 계층 간의 소득 차이가 삶의 질 차이로 이어지는 사회적 현상을 뜻하기도 한다. 지역에 따른 교육 환경과 문화 혜택의 차이, 직업군에 따른 소득 차이, 나아가 나라마다의 환경 차이가 불러오는 양극화 현상은 오늘날 심각한 문제가 되고 있다.

진주 귀걸이를 한 소녀의
진짜 직업

한 소녀가 그림 너머를 응시하고 있습니다. 상대와 눈을 맞추는 듯도 하네요. 입은 살짝 벌려 표정이 오묘하고, 머리에는 커다란 두건을 썼습니다. 눈썹과 속눈썹이 없어 더욱 신비로운 분위기를 자아냅니다. 가장 먼저 눈길을 끄는 것은 소녀의 큰 눈망울, 그리고 귀에 걸린 커다란 진주 귀걸입니다. 이 그림은 〈진주 귀걸이를 한 소녀〉라는 제목으로, 대중에게도 잘 알려진 아름다운 인물화입니다. 과거 신분제 사회의 네덜란드를 배경으로 하녀의 일상을 다룬 동명의 영화 덕분에 더 유명해지기도 했지요.

그림 속 소녀의 정체는 알려지지 않았지만, 영화 속 소녀의 직업은 명확합니다. 바로 하녀입니다. 영화에서 소녀는 가세가 기울어 하녀 일을 시작하게 됩니다. 새롭게 일하러 간 집에는 그림을 그리는 화실이 있는데, 소녀는 그곳을 청소하며 그림에 관심을 가지게 되고, 결국에는 〈진주 귀걸이를 한 소녀〉의 모델까지 하게 됩니다. 소녀가 어떤 인물인지 영화적 상상력으로 풀어낸 것이지요.

네덜란드의 부흥과 예술의 발전

이 작품을 그린 요하네스 페르메이르는 네덜란드의 델프트라는 지역에 살았습니다. 델프트는 바닷가와 가까워서 무역과 각종 산업이 번창한 도시였습니다. 16~17세기 동인도 회사가 세워지면서 경제적·문화적으로도 중요한 역할을 했고, 네덜란드에서 세 번째로 인구가 많아 실질적인 수도의 역할을 하면서 전성기를 누렸지요.

17세기 네덜란드는 무역, 생산, 산업, 금융으로 전 세계에서 가장 부유한 국가였습니다. 부르주아 문화와 금융의 최초 탄생지였고, 1602년 동인도 회사를 설립한 뒤에는 아시아와의 무역을 독점하면서 번영했습니다. 경제가 성장하면서 구매력을 갖춘 중산층이 많이 생겨나기도 했습니다. 당시 네덜란드는 스페인에서 독립한 뒤 근대 국가로 나아가기 위한 종교 개혁이 이루어졌으며 시민들끼리 자유로운 자치 공화국을 형성하기도 했습니다.

요하네스 페르메이르, **진주 귀걸이를 한 소녀**, 1665년경 / 가슴 높이의 인물화는 당시 많은 작가가 인물의 특징과 골상을 훈련하기 위해 제작했던 트로니Troni의 형식이다. 이 그림은 '네덜란드의 모나리자'라 불릴 만큼 많은 주목을 받았다.

자연스레 네덜란드에는 새로운 미술 시장이 형성되었습니다. 자유로운 경제 활동을 할 수 있던 시민 계급은 자신이 쌓은 부를 과시하고 싶어 했는데, 그중 한 수단이 미술품 거래였던 것입니다. 이들은 곧 미술품의 주 소비층이 되었습니다. 그동안은 전 세계 어디든 궁정이나 종교 기관, 귀족들이 미술품을 구매했는데 네덜란드에서 최초로 수요층이 중산층으로 바뀐 것입니다. 당시 네덜란드가 얼마나 앞서 나간 경제국이었는지를 짐작할 수 있지요. 그림도 페르메이르의 작품처럼 일상의 평범함을 다룬 소재가 주를 이루어서 시민 계급의 구매 욕구를 충족했습니다.

그들의 과시성은 미술품 구매뿐만 아니라 하녀를 고용하는 문화에서도 드러났습니다. 약 20퍼센트의 가구에서 집안일하는 하녀를 고용했는데, 유럽의 집사 문화가 여기에서 생겨났지요. 20퍼센트면 적지 않은 비율이기 때문에 하녀라는 직업군이 근로 기준법에 정식으로 적용받을 정도였습니다.

양극화가 가져온 변화

역사적으로 경제가 발달할 때는 항상 다양한 직업이 새로 생겨났습니다. 더욱 많은 사람이 다양한 직업을 갖고 소득을 벌어들일 수 있도록 말입니다. 그렇다면 당시 네덜란드 사람들은 무슨 직종에 종사했을까요?

이전까지 네덜란드의 산업은 청어와 곡물, 소금, 목재 무역업과 단순한 제조업이었지만 점차 고부가 가치 산업으로 바뀌고 있었습니다. 네덜란드 남부 지역의 기술자들은 이민을 통해 신사업을 성장시켰고, 안트베르펜과 브뤼셀에서 이주해 온 이민자들은 델프트에서 태피스트리 직물업을 발전시켰습니다. 그리고 브루게의 이민자들은 레이던에서 퍼스티언 직물업을 번성시켰습니다. 안트베르펜 지역의 전통 산업이었던 설탕 정제업은 네덜란드의 중심부 암스테르담에 공장을 세우며 본격적으로 발전했습니다. 그 외에 다이아몬드 연마업과 리넨 다마스크 직조업 등의 고급 산업도 발전했습니다. 여기에 활발해진 아시아와 아메리카와의 무역 덕에 네덜란드의 고용 시장은 급속도로 커졌습니다. 그러다 보니 부의 구조도 바뀔 수밖에 없었습니다.

17세기의 네덜란드는 신흥 귀족의 나라라고 해도 과언이 아니었습니다. 무역이 발달하는 도시에서 상업을 통해 많은 부를 축적한 사람들이 사회에서 수직 상승하는 일이 가능했지요. 한때 아메리칸 드림을 꿈꾸며 미국으로 가는 이민자가 많았던 것처럼, 성공을 꿈꾼 이주민들이 각지에서 네덜란드로 넘어오곤 했습니다. 시민 계급은 경제적 여유를 갖고 풍요로운 생활을 누리게 되었습니다.

하지만 경제가 팽창하고 부가 넘쳐 난다고 해서 모두 부자가 될 수 있지는 않았습니다. 경제가 발전할수록 빈부 격차는 심해지는 법이니까요. 네덜란드에도 역시 빈민들이 존재했습니다. 당시 네덜란드에서는 떠도는 빈민이나 사회적으로 죄를 저지른 이들을 일꾼으로 썼습니다. 경제 부흥의 최고점에 있어서 워낙 일이 많았고 그만큼 일손이 필요했기 때문입니다. 우리나라의 교도소에서도 수감자들이 매일 정해진 일을 하듯이 이때에도 라습하위스Rasphuis라는 시설이 있었습니다. 이곳에서는 브라질산 나무를 대패질로 깎는 중노동을 해야 했습니다. 사회적으로 문제를 일으킨 사람들을 모아 놓았으니 사회적 교정이 목적이라는 이유로 어떠한 복지 혜택도 주지 않았습니다. 하루 한 끼의 식사만 제공할 뿐 24시간을 이곳에 갇혀 노동만 한 것입니다.

네덜란드 경제가 성장할수록 양극화가 심화되었습니다. 각국에서 온 이주자들은 부유한 나라인 네덜란드로 가면 일단 먹고사는 문제는 해결되지 않을까 하는 희망을 품었지만 현실은 녹록지 않았습니다.

당시의 인구 계층을 보면 부유한 시민 밑에는 많은 수의 농민이 있었고, 임금 노동자, 빈민, 그리고 부랑자가 있었습니다. 이들은 교회나 시의 자선으로 연명했습니다. 신흥 귀족들이 이들에게 돈을 기부하기도 했지만 근본적인 해결책은 아니었습니다.

당시 노동자의 수입을 보면 네덜란드 남부 도시인 안트베르펜의

요하네스 페르메이르, 우유 따르는 여인, 1660년경 / 네덜란드 중산층의 가정을 정교하게 구성한 것이 특징이다. 네덜란드의 서민들은 대부분 호밀빵과 특산품인 염장 청어, 치즈를 주식으로 삼았다. 페르메이르의 그림은 사실적이면서도 시적이며, 고요한 분위기가 넘쳐흐른다. 그림 오른쪽 아래에 있는 네모난 나무 상자는 난로다. 당시 가정에서 흔히 들여놓았던 작은 난로는 추운 겨울날 유용하게 쓰였던 생활용품이었다.

평균 노동자 일급은 0.6~0.7길더였습니다. 반면 델프트 지역 노동자의 일급은 1.1~1.2길더였습니다. 중심 도시와 지방 도시의 급여에 차이가 있었습니다. 네덜란드 안에서 크게 보면 북부와 남부의 임금이 달랐습니다. 북부 임금이 두 배나 높았으며 일자리도 많았습니다. 북부에 신규 산업이 활발히 도입되면서 경제적으로 더 풍요로웠음을 알 수 있습니다.

노동자들은 기술 숙련도에 따라 월급이 달라졌습니다. 그리고 네덜란드는 무역을 시작으로 경제가 성장한 곳인 만큼 해운에 관련된 인력도 세분화되었으며 월급 수준이 제각각이었습니다. 배를 타는 선원의 임금은 평균 14길더로 비교적 낮은 편이었습니다. 해운 직업군에서도 전문직에 속하는 선상 요리사의 월급은 25길더, 해운 목공은 30길더, 선장의 월급은 60길더로 최고 높은 수준이었습니다. 이처럼 17세기 네덜란드의 경제 수준은 세계에서 독보적으로 높았지만, 소득 수준의 양극화가 있던 만큼 생계가 힘든 가정에서는 어린 아동도 노동에 투입되는 문화였습니다.

유명한 예술가도
피할 수 없었던 가난의 고통

작품은 예술가가 죽고 나서 가치가 오른다는 말을 흔히 합니다. 작품이 더 이상 생산되지 않으니 비로소 희소성이 커진다는 이야기입니다. 천연자원처럼 생산되는 양이 한정적인 재화는 가치가 높게 매겨질 확률이 높습니다. 무한정 생산할 수 있는 것에 비해 귀하게 측정되는 것입니다. 금, 다이아몬드 같은 광물이나 원유의 가치만 봐도 희소성의 영향력이 얼마나 큰지 잘 알 수 있지요. 미술품도 천연자원처럼 세상에 단 하나만 존재하며 복제가 불가능하기 때문에 희소성의 원리가 적용됩니다.

그렇지만 세상에 유일무이한 명화를 그려 내는 거장이라고 해도,

경제적 문제에서 완전히 자유로울 수는 없었던 모양입니다. 많은 거장이 가난 때문에 고난을 겪기도 했는데요, 이탈리아의 예술가 미켈란젤로 역시 생전에 자신의 가치를 인정받기 위해 고군분투하며 살았던 예술가였습니다. 그의 삶을 잠깐 들여다볼까요.

┃ 미켈란젤로의
┃ 가난 이야기

미켈란젤로는 1475년 피렌체 근교에서 태어났습니다. 그는 성당의 천장화처럼 스케일이 큰 작품을 많이 맡았는데, 이런 대형 작업을 하면서도 돈과 관련된 고민이 끊이지 않았다고 합니다.

미켈란젤로는 비교적 좋은 집안에서 태어났습니다. 그의 가문은 원래 귀족으로, 은행업을 가업으로 삼았습니다. 그러나 그가 태어났을 때 아버지의 사업이 힘들어지면서 가업을 접게 되었고 아버지는 마을 행정관으로 직업을 바꾸었습니다. 미켈란젤로는 자신의 출신에 대해서 자부심이 강했지만 현실은 녹록지 않았습니다. 집안의 재정 상황이 좋지 않았기 때문입니다. 미켈란젤로가 식구들을 먹여 살려야 했습니다. 평생 형제들의 금전적인 부분을 해결해 주어야 해서 그에게 돈은 매우 중요한 문제였습니다.

그의 동생들은 꾸준히 문제를 일으켰습니다. 임대 사업을 하다가 망하기도 했습니다. 미켈란젤로는 이런 동생들에게 자신은 가문의 영광을 되찾기 위해 노력하며 온갖 어려움을 참고 노력하는데 너희는 왜 그러지 못하냐며 편지로 분풀이했다고 합니다. 형제의 생계까지 책임을 져야 하니 미켈란젤로가 받은 스트레스가 매우 컸으리라 생각됩니다.

그래서일까요? 그는 돈 앞에서는 늘 민감하고 철두철미했습니다. 작품을 거래하거나 프로젝트를 진행할 때 돈이 제때 들어오지 않으면 화를 내기도 했지요. 시스티나 성당 벽화를 작업했을 때는 돈이 들어오지 않아 도중에 짐을 싸서 고향 피렌체에 내려가 버리기도 했습니다. 자신이 들인 시간과 노력이 바로바로 돈으로 돌아오지 않으면 당장 생계가 위험해지니 그럴 수밖에 없었으리라 짐작되지요. 당시 일을 시켰던 교황은 다른 귀족 가문을 통해 급하게 돈을 융통해서 그의 마음을 되돌리려고 애썼다고 합니다.

돈 문제로 골머리를 앓았지만 미켈란젤로의 성격이 굽혀지지는 않았습니다. 한 일화로, 교황 율리우스 2세가 천장 벽화 작업을 빨리 진행해 달라고 재촉하자 미켈란젤로는 "끝날 때 끝나겠지요"라며 시큰둥하게 대꾸했다고 합니다. 이런 성격 때문에 고객과 수시로 다투기도 했습니다. 활동 초기에 잘난 체하다 선배들에게 맞아서 콧등이 주저앉기도 하고, 교황에게 거들먹거리다 지팡이로 맞기도 합니다.

그러나 다행히도 이 시기에는 사진기가 없었고 무엇인가를 시각화할 수 있는 수단은 미술이 전부였습니다. 또한 종교의 권위가 강성

다니엘레 다 볼테라, 미켈란젤로의 초상, 1544년경

부오나로티 미켈란젤로, 로마의 피에타, 1498-1499년 / 미켈란젤로가 24세에 완성한 조각으로 그를 대가의 반열에 오르게 한 작품이다. 십자가에 못 박히고 내려온 예수를 마리아가 슬프게 쳐다보는 장면이지만 피가 안 보이고 표현이 아름답다.

했고 그 권위를 미술과 조각으로 표현하던 시기라서 일거리가 아주 많았습니다. 그런 부분에서는 미켈란젤로에게 좋은 환경이었으리라 생각됩니다. 하지만 몰락한 가족의 생계를 책임지는 일은 그를 행복하게 해줄 수 없었고 그의 얼굴에도 힘든 상황에 처해 있는 듯한 짙은 그림자가 보였습니다. 한껏 내려간 입꼬리, 늘 인상을 쓰고 있어 굳어져 버린 미간과 이마 주름 등 그의 초상화를 보면 미소를 지어본 적이 없는 듯해 안쓰러운 느낌마저 들지요.

그는 악착같이 돈 되는 일을 찾아 헤맸고 그 과정에서 높은 사회적 지위를 얻었으며 90세의 나이까지 장수합니다. 세기를 장식한 거장이지만 그가 돈을 위해 고군분투했던 이야기를 들으면 오늘을 살아가는 모두의 삶과 닮은 구석이 있는 듯도 합니다.

귀족들에게는 까칠했던 베토벤

엄밀히 보면 예술이라는 영역은 우리가 살아가는 데 기본적으로 필요한 의식주 바깥에 있습니다. 그래서 미술품의 소비는 생계가 해결되지 않는 이상 쉽사리 접근하기 어려운 면이 있지요. 이는 미술품뿐만 아니라 그 분야에 종사하고 있는 예술가들에게도 해당하는 이야기입니다. 많은 예술가의 무명 시절은 굉장히 외로울 수밖에 없었는데, 음악계의 천재 루트비히 판 베토벤도 이 운명을 피할 수는 없었습니다.

베토벤 시대 이전까지 음악은 미술처럼 귀족과 부유층의 전유물로 여겨졌습니다. 베토벤 이전 세대의 천재인 볼프강 아마데우스 모차르트 역시도 교회와 왕족에 예속된 삶에서 독립하려 시도했지만 결과적으로는 실패하고 말았지요.

베토벤 이후에야 음악이 귀족의 소유를 벗어나서 대중의 곁으로 스며들어 갔습니다. 여기에는 베토벤의 많은 노력이 있었습니다. 베토벤은 맏아들로 태어났습니다. 아버지가 알코올 의존증이 있었기에 베토벤 역시 가족의 생계를 책임져야 했습니다. 그래서 1784년 궁정 오르가니스트로 일하게 됩니다. 보수는 적은 편이었지만 어쩔 수 없던 상황이었습니다. 1800년 무렵부터 그의 청각이 매우 나빠졌습니다. 연주자로서 일을 할 수가 없었고 1820년도에는 재정 상태가 최악이었습니다. 당시 그가 주고받은 편지에는 항상 돈 이야기가 빠지지 않았다고 합니다. 그가 하는 모든 활동을 돈으로 계산하며 지냈지만, 여전히 가난에 시달렸습니다.

베토벤이 가장 아끼던 조카의 자살 시도로 낙담하고 있었던 시기에 만들어진 음악이 〈현악 4중주 제16번〉입니다. 당시 귀족이었던 한 음악 애호가는 이 곡의 악보를 연주할 수 있게 빌려 달라고 합니다. 그가 요구했던 날짜는 공교롭게도 베토벤의 친구였던 한 실내악 연주자가 같은 곡을 연주하기로 되어 있던 날이었습니다. 그래서 베토벤은 귀족에게 서로 날짜가 겹치니 그 대가로 50굴덴의 돈을 내라고 요구했습니다. 즉, 대여료를 받은 것입니다. 이처럼 그는 사사건건 돈으로 작품값을 매기고 개런티도 챙기며 살아갔습니다.

당시는 프랑스 대혁명 직후로 신흥 부르주아의 사회적 파급력이 컸던 때였는데 베토벤은 이런 사회 흐름을 잘 간파하고 있었습니다. 그는 귀족의 울타리 안에서 그들에게 매여 돈을 받는 삶이 아니라 스스로를 경영해서 직접 일을 찾아 나서는 음악가가 되기로 결심합니다. 베토벤 이전 세대 음악가들은 대부분 특정 귀족의 입맛에 맞춘 스타일로 음악을 만들었고 그 대가로 생계를 보장받는 신분이었습니다. 당시 나온 훌륭한 음악의 속을 들여다보면 상당수가 귀족들의 요구를 최우선으로 반영해 탄생했다는 진실이 숨겨 있지요.

프랑스 혁명을 몸소 겪은 베토벤은 상위 몇 퍼센트의 사람들을 위한 음악을 거부했습니다. 자유, 평등, 박애라는 당시 혁명 이념을 바탕으로 모든 인류가 공감할 수 있는 음악을 창조하고 싶었던 것입니다.

재미있게도 베토벤은 오직 귀족들과 거래할 때만 돈 문제를 철저하게 따졌습니다. 시골 마을의 농민들이 즐길 수 있는 음악을 만들어 달라는 요구는 조건 없이 받아들였고, 귀족들의 요구는 하나하나 계산하며 까다롭게 굴었습니다. 또한 귀족들이 요구하는 음악 스타일이 자신의 생각과 맞지 않을 경우에는 단호하게 거절했습니다. 그는 당시 시민 계급의 이념을 철저하게 행동으로 실현한 사람이었습니다.

베토벤은 정의로운 한편, 작품을 고가로 판매하는 데는 적극적인 경영인이었습니다. 당시 그는 음악 출판업자들에게 인기가 매우 높았는데 출판업자들은 돈을 벌기 위해 베토벤의 저작권을 침해하면서까지 작품을 출판하려 했습니다. 이를 본 베토벤은 자필 사본 악보를 제작해서 다른 출판사들에 판매합니다. 저작권을 지키기 위한 나름의 방법이었던 셈이지요.

그러다가 베토벤은 카를 리히노프스키 공작이라는 이상적인 후원자를 만나게 됩니다. 리히노프스키 공작은 다른 귀족들과 달리 베토벤의 작품 활동에 간섭하지 않았습니다. 작품 청탁이나 어떤 조건을 내걸지도 않았고 순수하게 많은 애정과 성원을 보내는 이였습니다. 주변 귀족들에게도 적극적으로 베토벤의 후원을 권했고, 베토벤이 즐거운 환경에서 작업에 몰두할 수 있도록 도와주었으며, 당대 예술가들과 사귈 수 있게 사교 파티를 열어 주기도 했습니다.

베토벤은 상업적 수완이 기본적으로 있었지만, 아무리 상업적이라도 자신의 예술 세계가 파괴되지 않는 선에서 자존심을 철저히 지켰습니다. 그래서 궁핍한 시기를 길게 보내기도 했지만 결국 그에 대한 보상을 받게 되었습니다. 예술가들의 삶은 대부분 고용 기간이 짧은 프리랜서의 삶과도 비슷합니다. 부유한 귀족들에게 예속된 삶

요제프 카를 스틸러, 베토벤의 초상화, 1820년 / 베토벤은 청각을 잃은 뒤에도 훌륭한 명곡을 남긴 것으로
유명한 음악가다. 독일에서 태어나 빈에서 활동했으며 음악적으로 다양한 활동을 했는데 주로 작곡과 피
아노 연주를 했으며 청각을 잃기 전에는 지휘자로도 활동했다.

에서 벗어나 독립적인 주체로 살아가려 했던 베토벤의 모습을 보면, 마치 안정적인 대기업을 포기하고 나홀로 1인 기업을 선택한 CEO 의 모습이 연상됩니다. 프리랜서는 직접 일거리를 창출해 내야 하는 만큼 용기와 전략이 필요한 직업입니다. 베토벤과 같은 세계적인 예술가들은 전략적으로 자신만의 시장을 개척하고 일구어 왔다는 공통점이 있습니다.

세상에서 가장
비싼 물감, 울트라마린

〈진주 귀걸이를 한 소녀〉를 그린 페르메이르의 작품에는 푸른색이 유독 자주 사용된다. 그의 작품 속 푸른색은 특별히 신비롭게 보이는데 여기에는 비밀이 하나 숨어 있다.

17세기 네덜란드에 활발하게 형성되었던 미술 시장에서 시민

천연 울트라마린 안료

들은 신분에 상관없이 그림을 구입했다. 하지만 작품의 가격은 천차만별이었다. 물감의 색에 따라 가격이 달랐는데 가장 저렴한 색은 갈색이었다. 자연히 저렴한 그림은 채도가 높은 포인트 색상이 거의 없고 편안한 색조의 음영이 돋보이는 스타일이 많았다.

당시 유화 물감 중 가장 비싼 색상은 울트라마린이었다. 울트라마린은 일반적인 파란색과는 달리 보랏빛을 연하게 떠면서 채도가 매우 높은 신비로운 색상이다. 이 색상은 현재도 다른 색에 비해 비싼 편에 속한다. 화방에서는 물감 색깔을

A, B, C, D 등으로 수준을 다르게 측정해서 판매하는데, 이는 물감을 만드는 재료가 다르기 때문이다. 더 희귀한 재료일수록 비싸다. 당시 물감의 재료는 대부분 말린 곤충, 식물, 꽃, 보석, 돌 등이었다. 그러나 울트라마린은 짙은 파란 보석으로 만들어졌다. 보석의 이름은 라피스 라줄리Lapis Lazuli로, 청금석이라고도 부른다. 라피스 라줄리는 다이아몬드와 같은 결정 구조를 가진 보석이라고 한다. 울트라마린은 이 보석을 잘게 빻아서 만든 물감이기 때문에 고가일 수밖에 없다.

당시 페르메이르는 이 물감을 많이 사용했고, 따라서 작품에 신비로운 푸른색이 자주 등장한다. 〈진주 귀걸이를 한 소녀〉에서 소녀가 쓰고 있는 두건도 푸른색이고, 다른 작품에서도 인물의 옷을 푸른 포인트로 자주 그렸다.

귀했던 울트라마린 색상이 작품에 쓰였기 때문에 더 높은 가치가 매겨지는 면도 있었다. 당시 미술품 구입이 대유행했고, 구매자와 생산자가 급증하면서 작품가를 형성하는 기준이 모호했다. 그러다 보니 물감의 색상, 원재룟값이 작품가에 영향을 주기도 했던 것이다.

도판 출처

1장

1.1 Wiki commons / Alte Pinakothek

1.2 www.banqueimages.crcv.fr/fullscreenimage.aspx?rank=1&numero=MV765

1.3 wartburg.edu

1.4 www.allartpainting.com/apples-and-oranges-p-1681.html

1.5 The National Gallery, London

1.6 www.public-domain-photos.org/peter-paul-rubens-portrait-of-helene-
fourment.html

1.7 The Yorck Project (2002) 10,000 Meisterwerke der Malerei (DVD-ROM),
distributed by DIRECTMEDIA Publishing GmbH

1.8 Brooklyn Museum Costume Collection at The Metropolitan Museum of Art,
Gift of the Brooklyn Museum, 2009 ; Gift of Herman Delman, 1954

2장

2.1 Cropped and relevelled from File:Mona Lisa, by Leonardo da Vinci, from C2RMF.jpg. Originally C2RMF: Galerie de tableaux en très haute définition

2.2 Wiki commons / Getty Images

2.3 Wiki commons / Wide World Photos

2.4 Wiki commons / Tadeas Navratil

2.5 Wiki commons / ArtLover1953

3장

3.1 Google Art Project

3.2 The Yorck Project (2002) 10.000 Meisterwerke der Malerei (DVD-ROM), distributed by DIRECTMEDIA Publishing GmbH / Neue Galerie New York

3.3 Mauritshuis online catalogue

3.4 Wiki commons / National Gallery

3.5 The Yorck Project (2002) 10.000 Meisterwerke der Malerei (DVD-ROM), distributed by DIRECTMEDIA Publishing GmbH.

3.6 Wiki commons / Bought, 1842

4장

4.1 The Yorck Project (2002) 10.000 Meisterwerke der Malerei (DVD-ROM), distributed by DIRECTMEDIA Publishing GmbH

4.2 lAHeqBoLaePtEA at Google Cultural Institute

4.3 Wiki commons

4.4 9gFw_1Vou2CkwQ at Google Cultural Institute

4.5 Wiki commons

4.6 National Gallery of Norway

4.7 Wiki commons

4.8 bgEuwDxel93-Pg at Google Cultural Institute

5장

5.1 Wiki commons / arz

5.2 Wiki commons / Private collection

5.3 Wiki commons / Collection of Robert Johnson

5.4 Wiki commons

5.5 2QH-5_bzE9fOrA at Google Cultural Institute

5.6 Dauerleihgabe der HypoVereinsbank, Member of UniCredit

5.7 Wiki commons / Gryffindor

5.8 Web Gallery of Art

5.9 Wiki commons / Ingersoll

6장

6.1 Wiki commons / Das Bundesarchiv

6.2 Wiki commons / NPR arthistory.about.com

6.3 Wiki commons / User : X4n6

6.4 Wiki commons / Pedro Ribeiro Simões

6.5 Shutterstock / Bardoz peter

7장

7.1 bequest of Arnoldus Andries des Tombe

7.2 Wiki commons

7.3 Wiki commons / Gift of Clarence Dillon, 1977

7.4 Wiki commons / Stanislav Traykov

7.5 Wiki commons

7.6 Wiki commons

10대를 위한
미술관에서 읽는 경제학

초판 1쇄 2021년 3월 31일
초판 2쇄 2022년 5월 30일

지은이 천눈이

펴낸이 김한청
기획편집 원경은 김지연 차언조 양희우 유자영 김병수
마케팅 최지애 현승원
디자인 이성아 박다애
운영 최원준 설채린

펴낸곳 도서출판 다른
출판등록 2004년 9월 2일 제2013-000194호
주소 서울시 마포구 양화로 64 서교제일빌딩 902호
전화 02-3143-6478 팩스 02-3143-6479 이메일 khc15968@hanmail.net
블로그 blog.naver.com/darun_pub 인스타그램 @darunpublishers

ISBN 979-11-5633-332-6 43300